当好安全员丛书

冶金企业安全员
工作指导

主编　谢振华

中国劳动社会保障出版社

图书在版编目(CIP)数据

冶金企业安全员工作指导/谢振华主编.—北京：中国劳动社会保障出版社，2009

当好安全员丛书
ISBN 978-7-5045-7888-4

Ⅰ.冶… Ⅱ.谢… Ⅲ.冶金工作-工业企业-安全生产-生产管理 Ⅳ.F407.362

中国版本图书馆CIP数据核字(2009)第067412号

中国劳动社会保障出版社出版发行
(北京市惠新东街1号 邮政编码：100029)
出版人：张梦欣

*

新华书店经销
北京地质印刷厂印刷 三河市华东印刷装订厂装订
880毫米×1230毫米 32开本 8印张 174千字
2009年5月第1版 2011年5月第2次印刷
定价：20.00元

读者服务部电话：010-64929211
发行部电话：010-64927085
出版社网址：http://www.class.com.cn

版权专有 侵权必究
举报电话：010-64954652

内 容 简 介

本书内容包括安全生产基础知识,安全生产法律、法规知识,安全生产管理知识,安全生产技术知识,职业健康知识,事故应急管理知识六章。

本书叙述简明扼要,内容通俗易懂,并配有一些事故案例。本书可作为冶金企业安全员安全生产教育培训的教材,也可供从事冶金企业安全生产工作的有关人员参考、使用。

本书由谢振华主编,王璐明、朱灿灿、耿振、韩文书、徐昊参与编写。

前　言

　　安全员作为企业基层的安全生产管理人员，肩负着企业安全生产的重任，安全员的工作能力与水平，直接关系到企业的安全生产水平。所以，安全员应该具备敏锐的安全意识和丰富的安全生产知识，在工作中能够辨识危险源，分析危险、有害因素，及时向领导反映，提出整改意见和措施，把事故扼杀在萌芽状态，确保企业的生产安全和职工的生命健康。

　　安全员的工作能力不仅要在平时的工作实践中获得，更重要的是要系统地进行理论学习，掌握新的安全技术和方法，不断地把理论应用于实践，用学得的知识指导日常工作，才能使安全管理工作系统化、全面化，不会遗留安全隐患和死角。"当好安全员"丛书正是从这个角度出发，全面、系统地讲述了行业安全生产的特点，安全员需要掌握的相关法律、法规、制度、标准和特定企业的生产技术，以及职业健康和应急救援知识，是为企业安全员量身定做的一套案头必备的图书，适合于安全员定期培训和日常工作参考。此套丛书具有如下特点：

　　1. 权威性。此套丛书的作者均为安全生产领域的资深专家、学者，在安全生产理论研究领域有所建树，又常深入企业生产一线进行安全生产工作指导，熟悉企业的生产特点。

2. 实用性。此套丛书不仅讲述了企业安全员应该掌握的基本知识，还穿插列举了一些真实案例，并给予恰当的点评，对安全员具有实际指导意义。

3. 专业性。此套丛书除设置一本企业安全员通用的教材之外，其他均按行业编写，突出行业特色，更具有针对性。

目 录

第1章 安全生产基础知识 …………………………………… （1）

  第一节 安全生产基本概念 ………………………………… （1）
  第二节 安全生产基本对策 ………………………………… （5）

第2章 安全生产法律、法规知识 …………………………… （12）

  第一节 安全生产法律、法规基本知识 …………………… （12）
  第二节 安全生产法律简介 ………………………………… （24）
  第三节 安全生产法规简介 ………………………………… （33）
  第四节 冶金安全生产规程简介 …………………………… （39）

第3章 安全生产管理知识 …………………………………… （43）

  第一节 安全规章制度与责任制 …………………………… （43）
  第二节 安全生产教育培训 ………………………………… （52）
  第三节 安全生产检查 ……………………………………… （59）
  第四节 事故管理与工伤保险 ……………………………… （72）
  第五节 劳动防护用品管理 ………………………………… （83）

第 4 章　安全生产技术知识 （91）

第一节　冶金生产危险因素及事故特点 （91）
第二节　金属冶炼安全技术 （96）
第三节　冶金加工生产及煤气、氧气生产安全技术 （120）
第四节　机械电气安全技术 （136）
第五节　防火防爆安全技术 （154）
第六节　特种设备及特种作业安全技术 （179）

第 5 章　职业健康知识 （194）

第一节　职业危害与职业病的基础知识 （194）
第二节　职业危害的预防 （198）
第三节　职业健康监护和职业病管理 （219）

第 6 章　事故应急管理知识 （224）

第一节　事故应急救援系统 （224）
第二节　事故应急预案 （230）
第三节　事故应急救护 （237）

第1章 安全生产基础知识

第一节 安全生产基本概念

一、安全生产的重要意义

安全生产是为了使生产过程在符合物质条件和工作秩序下进行,防止发生人身伤亡和财产损失等生产事故,消除或控制危险、有害因素,保障人身安全与健康、设备和设施免受损坏、环境免遭破坏的总称。

安全生产是党和国家在生产建设中一贯的指导思想和重要方针,是全面落实科学发展观与构建社会主义和谐社会的必然要求。

安全生产的根本目的是保障劳动者在生产过程中的安全和健康。安全生产是安全与生产的统一,安全促进生产,生产必须安全。没有安全就无法正常进行生产。搞好安全生产工作,改善劳动条件,减少职工伤亡与财产损失,不仅可以增加企业效益、促进企业的健康发展,而且还可以促进社会的和谐、保障经济建设的安全运行。

伤亡事故的发生会造成企业和国家的重大经济损失。伤亡事故不仅造成医疗、事故调查处理、抚恤等经济损失,还会影响企业生产的正常秩序,严重的甚至能造成企业停产、破产。据有关部门统计,我国工矿商贸企业每年因工伤亡1万多人，直接经济损失数千亿元。

生存和健康是人们最根本的需要，人人都希望有一个美满幸福的家庭，每天高高兴兴上班，平平安安回家。但是，如果有人违章作业、冒险蛮干，其结果就是自己受到伤害，也造成家庭的悲剧。

二、安全和本质安全

安全泛指没有危险、不出事故的状态。生产过程中的安全是指在生产过程中不发生工伤事故、职业病、设备或财产损失。

安全是一个相对的概念，世界上没有绝对安全的事物，任何事物中都包含有不安全因素，具有一定的危险性。当危险性低于某种程度时，人们就认为是安全的。

本质安全是指通过设计等手段使生产设备、设施或技术工艺含有内在的能够从根本上防止发生事故的功能，即使在误操作或发生故障的情况下也不会发生事故。本质安全具体包括两方面的内容：

（1）失误—安全功能。指操作者即使操作失误，也不会发生事故或伤害，或者说设备、设施和技术工艺本身具有自动防止人的不安全行为的能力。

（2）故障—安全功能。指设备、设施和技术工艺发生故障或损坏时，还能暂时维持正常工作或自动转变为安全状态。

上述这两种安全功能应该是设备、设施和技术工艺本身固有的，即在它们的规划设计阶段就被纳入其中，而不是事后补偿的。

本质安全是安全生产管理以预防为主的根本体现，也是安全生产管理的最高境界。但由于技术、资金和人们对事故的认识等原因，目前还很难做到。

三、安全生产管理

安全生产管理就是针对人们生产过程中的安全问题，运用有效的资源，发挥人们的智慧，通过人们的努力，进行有关决策、计划、组织和控制等活动，达到安全生产的目标。

安全生产管理的目标是减少和控制危害，减少和控制事故，尽量避免生产过程中由于事故所造成的人身伤害、财产损失、环境污染及其他损失。

安全生产管理的基本对象是企业的员工及其物质。安全生产管理的内容包括：安全生产管理机构和安全生产管理人员、安全生产责任制、安全生产管理规章制度、安全生产策划、安全培训教育、安全检查、安全监督、危险源管理、劳动防护用品管理、事故调查处理、安全生产档案等。

四、事故隐患

生产安全事故是指在生产过程中造成人员死亡、伤害、职业病、财产损失或其他损失的意外事件。事故隐患泛指生产系统中可导致事故发生的人的不安全行为、物的不安全状态和管理上的缺陷。

综合事故性质分类和行业分类，考虑事故起因，可将事故隐患归纳为火灾、爆炸、中毒和窒息、水害、坍塌、滑坡、泄漏、腐蚀、触电、坠落、机械伤害、煤与瓦斯突出、公路设施伤害、公路车辆伤害、铁路设施伤害、铁路车辆伤害、水上运输伤害、港口码头伤害、空中运输伤害、航空港伤害、其他类隐患等。

事故隐患分为一般事故隐患和重大事故隐患两种。一般事故隐患是指危害和整改难度较小，发现后能够立即整改排除的隐患。重大事故隐患是指危害和整改难度较大，应当全部或者局部停产、停业，并经过一定时间整改治理方能排除的隐患，或者因外部因素影响，致使生产经营单位自身难以排除的隐患。

《中华人民共和国安全生产法》(以下简称《安全生产法》)第五十一条规定,从业人员发现事故隐患或者其他不安全因素,应当立即向现场安全生产管理人员或者本单位负责人报告,接到报告的人员应当及时予以处理。

五、危险、危险源和重大危险源

危险指生产中发生事故的可能性超过了人们的承受程度。危险是人们对事物的具体认识,如危险环境、危险条件、危险状态、危险物质、危险场所、危险人员、危险因素等。

一般用危险度表示危险的程度,危险度是生产过程中事故发生的可能性与严重性的综合反映。

危险源是指可能造成人员伤害、疾病、财产损失、作业环境破坏或其他损失的根源或状态。危险源可以是物,也可以是人。在冶金生产过程中,煤气可能会发生泄漏,引起中毒、火灾或爆炸事故,因此,装满煤气的储罐是危险源;操作过程中没有完善的操作标准,可能使员工出现不安全行为,因此,没有操作标准也是危险源。

为了对危险源进行分级管理,防止重大事故发生,人们提出了重大危险源的概念。从广义上说,重大危险源是指可能导致重大事故发生的危险源。《安全生产法》规定,重大危险源是指长期地或者临时地生产、搬运、使用或者储存危险物品,且危险物品的数量等于或者超过临界量的单元(包括场所和设施)。

在国家标准 GB 18218—2000《重大危险源辨识》中,给出了各种危险物质的名称、类别及其临界量。国家安全生产监督管理总局于 2004 年提出了《关于开展重大危险源监督管理工作的指导意见》,将重大危险源申报登记的类型分为:易燃、易爆、有害物质的储罐区

（储罐），易燃、易爆、有毒物质的库区（库），具有火灾、爆炸、中毒危险的生产场所，压力管道，锅炉，压力容器，企业危险建（构）筑物。

《安全生产法》规定，生产经营单位对重大危险源应当登记建档，进行定期检测、评估、监控，并制定应急预案，告知从业人员和相关人员在紧急情况下应当采取的应急措施。生产经营单位应当按照国家有关规定，将本单位重大危险源及安全措施、应急措施报地方人民政府负责安全生产监督管理的部门和有关部门备案。

第二节 安全生产基本对策

一、安全生产方针

《安全生产法》明确规定，我国安全生产的基本方针是"安全第一，预防为主"。这是党和国家对安全生产工作的总体要求，企业和从业人员在劳动生产过程中必须严格遵循这一基本方针。

在中共中央第十六届五中全会上，党和国家坚持以科学发展观为指导，从经济和社会发展的全局出发，不断深化对安全生产规律的认识，提出了"安全第一，预防为主，综合治理"的安全生产方针。这反映了党对安全生产规律的新认识，对于指导新时期安全生产工作具有重大而深远的意义。

"安全第一"，是指在生产经营活动中，在处理保证安全与生产经营活动的关系上，要始终把安全放在首要位置，优先考虑从业人员的人身安全，实行"安全优先"的原则。在确保安全的前提下，努力实现生产经营的其他目标。

"预防为主",是指安全工作的重点应放在预防事故的发生上,按照事故发生的规律和特点,千方百计预防事故的发生,做到防患于未然,将事故消灭在萌芽状态。"预防为主"是安全生产方针的核心,是实施安全生产的根本。安全生产工作应当做在生产活动之前,充分考虑事故发生的可能性,并自始至终采取有效措施防止和减少事故。

"综合治理"就是标本兼治,重在治本,是指要自觉遵循安全生产规律,抓住安全生产工作中的主要矛盾和关键环节,综合运用科技、法律、经济、行政等手段,并充分发挥社会、职工、舆论的监督作用,从发展规划、行业管理、安全投入、科技进步、经济政策、教育培训、企业管理、监管体制、社会监督、事故责任追究等方面入手,有效解决安全生产领域的问题。

二、安全生产监督管理体制

我国目前安全生产监督管理的体制是"政府统一领导,部门依法监督,企业全面负责,群众监督参与,社会广泛支持",它体现了"安全第一,预防为主,综合治理"的安全生产方针,明确了生产经营单位和企业在安全生产工作中的职责。

1. 政府统一领导,部门依法监督

在国务院领导下,国务院安全生产委员会负责全面统筹协调安全生产工作,国家安全生产监督管理总局对全国安全生产实施综合监管,并负责煤矿安全监察和非煤矿山、危险化学品、烟花爆竹等行业领域的安全生产监督管理工作。公安部、住房和城乡建设部、农业部、交通运输部、铁道部、电力监管委员会和国务院国有资产监督管理委员会等部门,分别负责本系统、本领域的安全工作;国家质量监督检验检疫总局负责锅炉压力容器等七类特种设备的安全监督检查;

卫生部负责职业病诊治工作；人力资源和社会保障部负责工伤保险管理、未成年工以及女工的劳动保护。

国家法律法规授权设立的监察机构，以国家名义运用国家权力，对企业、事业单位和有关机关履行劳动职业安全健康职责和执行安全生产法律法规、政策的情况，依法进行纠正和处罚，如下达监察意见通知书、行政处罚决定书，作出限期整改和停产整顿的决定，必要时可提请当地人民政府关闭企业。国家依法监督是一种带有国家强制性的监督，具有相对的独立性、公正性和权威性。

2. 企业全面负责

企业全面负责就是生产经营单位在其生产经营活动中必须对企业的安全工作负全面责任，保障职工在生产过程中的安全与健康，为职工创造良好的劳动条件等。

为将"企业全面负责"落到实处，生产经营单位应建立安全生产责任制，在抓生产的同时，必须搞好安全工作，自觉贯彻安全生产方针，这样才能达到责、权、利的相互统一。企业应制定完善的安全生产规章制度，制订企业安全生产的长期发展规划和年度计划，必须配备安全管理人员，对企业安全生产工作进行有效管理。企业还应负责提供符合国家安全生产要求的工作场所、设施，加强对有毒有害、易燃易爆等危险品和特种设备的管理。

生产经营单位的主要负责人是安全生产的第一责任人，对发生的事故应当承担法律责任，因此，必须为职工的生产活动提供全面的安全卫生保障。

3. 群众监督参与

群众监督包括各级工会、社会团体、民主党派、新闻媒体等对安全生产工作的监督。其中工会监督是最基本的监督形式，是指工会组织代表职工依法对安全生产法律、法规的贯彻实施情况进行监督，维护职工劳动安全卫生方面的合法权益。针对政府和生产经营单位存在的忽视安全生产的问题，提出批评和建议，以至支持职工拒绝操作，组织职工撤离危害作业现场。

三、保障安全生产的基本原则

为了保障企业的安全生产，必须坚持"管生产必须管安全""安全具有否决权"的原则。

"管生产必须管安全"包含3个方面的含义：

(1) 一切从事生产经营活动的单位和管理部门都必须管安全，如政府经济管理部门、行业主管部门，以及直接从事生产经营活动的企业。而且要求这些部门和单位的主要领导者必须依照国务院"安全生产是一切经济部门和生产企业的头等大事"的指示精神，全面负责安全生产工作。作为企业第一把手的主要负责人，在企业的各项经营管理活动中，要把安全生产放在突出的位置来抓。

(2) 管生产的同时要管安全。从事生产管理和企业经营的领导者和组织者，必须明确安全和生产是一个有机整体，生产工作和安全工作的计划、布置、检查、总结、评比要同时进行，决不能重生产轻安全。

(3) 在安全生产管理的同时，要认真执行国家安全生产的法律法规、政策和标准，制定本企业、本部门的安全生产规章制度，配备专、兼职安全管理人员，对职工进行安全教育培训，落实各项安全技术措施等。

"安全具有否决权"是指安全工作是衡量企业管理工作好坏的一

项基本内容,在对企业各项指标的考核和评定中,必须把安全工作放在重要位置,并使其具有"否决权"。即安全指标没有完成,其他指标完成得再好,也不能评为先进。

"安全具有否决权"还表现在:区域位置的环境安全不合格不准建厂,企业的安全生产条件不符合国家规定不准投资,某项工程或设备不符合安全要求不准进行或使用等。

四、事故预防控制的基本方法

事故预防是指通过采用技术和管理手段使事故不发生。安全生产管理工作应该做到预防为主,通过有效的管理和技术手段,减少和防止人的不安全行为和物的不安全状态。事故控制是通过采取技术和管理手段,使事故发生后不造成严重后果或使危害尽可能减小。事故发生后,要采取正确有效的应急救援措施,抢救受伤害人员,组织撤离或者采取其他措施保护危害区域内的其他人员,控制事故的发展,防止事故蔓延扩大。

对于事故的预防与控制,应从安全技术、安全教育、安全管理三方面入手,采取相应措施。安全技术对策着重解决物的不安全状态问题,安全教育对策和安全管理对策则主要着眼于人的不安全行为问题。安全教育对策主要使人知道,在哪里存在危险源、如何导致事故、事故的可能性和严重程度如何,对于可能的危险应该怎么做。安全管理措施则是要求必须怎么做。

五、安全生产五要素

安全生产"五要素"是指安全文化、安全法制、安全责任、安全科技和安全投入。

安全文化即安全意识,是存在于人们头脑中,支配人们行为是否安全的思想。对职工要加强宣传教育工作，普及安全常识，强化全社会的安全意识。加强职工安全培训，确定"不伤害自己、不伤害别人、不被别人伤害"的安全生产理念。

安全法制是指安全生产法律法规和安全生产执法。主要内容包括：宣传《安全生产法》，健全《安全生产法》的配套法规和安全标准。企业要结合实际建立和完善安全生产规章制度，保障各项安全措施的实施。逐步建立健全安全生产法律法规体系，用法律法规来规范政府、企业、职工和公民的安全行为，真正做到有章可循、有章必循、违章必究。

安全责任主要是指要树立安全生产的责任心，包括企业责任和各级政府的责任。企业是安全管理的责任主体，企业主要负责人是安全生产的第一责任人。第一责任人要切实担负起职责，要制定和完善企业安全生产方针和制度，层层落实安全生产责任制，及时发现和治理事故隐患，保障安全生产。

安全科技是指安全科学与技术。企业要采用先进实用的生产技术，组织安全生产技术研究与开发。国家要积极组织重大安全技术攻关，研究制定行业安全技术标准、规范。

安全投入是指保证安全生产所必需的经费，建立企业、地方、国家多渠道的安全投资机制。企业是安全投资主体，要按规定从成本中列支安全生产专项资金，加强财务审计，确保专款专用。国家和地方要支持企业的设备更新和技术改造，并制定相关经济政策，严格依法执行。

安全生产"五要素"既相互独立，又是一个有机统一的整体。安全文化是安全生产的根本，安全法制是保障安全生产的最有力武器，安全责任心是安全生产的灵魂，安全科技是实现安全生产的手段，安全投入是安全生产的基本保障。

六、安全员应具备的条件

要做好安全生产工作，企业安全员需要掌握社会科学知识，因为安全工作具有高度的政策性；同时又要掌握大量的自然科学知识，因为安全工作具有复杂的技术性。一般来说，企业安全员应具备以下条件：

（1）坚持党的四项基本原则，拥护改革开放政策，具有一定的政策理论水平。

（2）具有较强的语言表达能力，敢于坚持原则，热爱本职工作，密切联系群众。

（3）掌握基本的安全生产管理知识，有一定的安全生产管理经验。

（4）掌握相关的安全技术专业知识和职业卫生知识。

（5）懂得企业的生产流程、工艺技术，了解企业生产中的危险因素和危险源。

（6）了解事故预防控制的基本方法，熟悉生产现场的事故防范措施。

（7）能结合生产实际，实施各项安全技术措施，具有较强的组织能力、分析能力和综合协调能力。

（8）能深入操作现场调查研究，监督、检查安全技术措施和制度的执行情况，能配合生产部门、技术部门改进现有的安全技术措施，提出整改意见。

第2章 安全生产法律、法规知识

第一节 安全生产法律、法规基本知识

一、安全生产法律法规的种类

我国有关安全生产的法律法规很多。全部现行的、不同的安全生产法律规范形成的有机联系的统一整体称为安全生产法律体系，包括法律、法规、规章和法定安全标准等。

我国有关安全生产的专门法律有《中华人民共和国安全生产法》《中华人民共和国消防法》《中华人民共和国道路交通安全法》《中华人民共和国海上交通安全法》《中华人民共和国矿山安全法》；与安全生产相关的法律主要有《中华人民共和国劳动法》《中华人民共和国突发事件应对法》《中华人民共和国刑法》《中华人民共和国矿产资源法》《中华人民共和国铁路法》《中华人民共和国公路法》《中华人民共和国民用航空法》《中华人民共和国港口法》《中华人民共和国建筑法》《中华人民共和国煤炭法》《中华人民共和国电力法》《中华人民共和国职业病防治法》《中华人民共和国行政处罚法》《中华人民共和国刑事诉讼法》等。

安全生产法规包括行政法规和地方性法规两种。安全生产行政法

规是由国务院组织制定颁布的，是实施安全生产监督管理和监察工作的重要依据。安全生产行政法规主要有《生产安全事故报告和调查处理条例》《煤矿安全监察条例》《建设工程安全生产管理条例》《危险化学品安全管理条例》《烟花爆竹安全管理条例》《安全生产许可证条例》《特种设备安全监察条例》《国务院关于特大安全事故行政责任追究的规定》《国务院关于预防煤矿生产安全事故的特别规定》《工伤保险条例》等。

地方性安全生产法规是指由地方人民代表大会及其常务委员会制定的安全生产规范性文件，以解决本地区特定的安全生产问题为目标，具有较强的针对性和操作性。

安全生产规章包括国务院有关部门颁布的安全生产规章和地方政府安全生产规章。国家安全生产监督管理总局颁布的有关安全生产的部门规章主要有《安全生产违法行为行政处罚办法》《劳动防护用品监督管理规定》《安全生产检测检验机构管理规定》《注册安全工程师管理规定》等。

安全生产标准是安全生产法律法规体系中的重要组成部分，也是安全生产管理的基础和监督执法工作的重要技术依据。安全标准是指在生产工作场所或者领域，为改善劳动条件和设施，规范生产作业行为，保护劳动者免受各种伤害，保障劳动者人身安全健康，实现安全生产和作业的准则与依据。安全生产行业标准（AQ）的范围包括矿山、危险化学品、烟花爆竹、个体防护、粉尘防爆、涂装作业等领域，有基础标准、管理标准、技术标准、方法标准、产品标准等。

二、安全生产立法的重要意义

安全生产法律法规是安全生产监督管理的依据，对保障安全生产具有重要意义。在我国安全生产法律法规体系中,《中华人民共和国安全生产法》(以下简称《安全生产法》)的法律地位和法律效力是最高的,是我国第一部安全生产领域的基本法律,是职业安全卫生法律体系的核心。《安全生产法》共七章九十七条,自 2002 年 11 月 1 日起实施。

《安全生产法》的颁布实施,对全面加强我国安全生产法制建设,激发全社会对公民生产权的珍视和保护,提高全民族的安全法律意识,规范生产经营单位的安全生产,强化安全生产监督管理,遏止重大、特大事故,促进经济发展和保持社会稳定都具有重大的现实意义。主要表现在以下几个方面:

(1) 有利于全面加强我国安全生产法律法规体系建设。

(2) 有利于保障人民群众生命和财产安全。

(3) 有利于依法规范生产经营单位的安全生产工作。

(4) 有利于各级人民政府加强对安全生产工作的领导。

(5) 有利于安全生产监督管理和有关部门依法行政,加强监督管理。

(6) 有利于提高从业人员的安全素质。

(7) 有利于加强全体公民的安全法律意识。

(8) 有利于制裁各种安全违法行为。

三、从业人员的基本权利

1. 知情权

在生产劳动过程中,往往存在着一些对从业人员人身安全和健康有危险、危害的因素。从业人员有权了解其作业场所和工作岗位与安全生产有关的情况:一是存在的危险因素;二是防范措施;三是事故应急措施。从业人员对于安全生产的知情权，是保护劳动者生命健康权的重要前提。如果从业人员知道并且掌握有关安全生产的知识和处理办法，就可以消除许多不安全因素和事故隐患，避免或者减少事故的发生。

2. 建议权

从业人员对本单位的安全生产工作有建议权。安全生产工作涉及从业人员的生命安全和健康，因此，从业人员有权参与用人单位的民主管理。从业人员通过参与生产经营的民主管理，可以充分调动其关心安全生产的积极性与主动性，为本单位的安全生产工作献计献策、提出意见与建议。

◎**法律知识**

《安全生产法》第四十五条规定，生产经营单位的从业人员有权了解作业场所和工作岗位存在的危险因素、防范措施及事故应急措施，有权对本单位的安全生产工作提出建议。

3. 批评、检举、控告权

从业人员是企业的主人，他们对安全生产情况尤其是安全管理中的问题和事故隐患最了解、最熟悉，具有他人无法替代的作用。只有依靠他们并且赋予其必要的安全生产监督权和自我保护权，才能做到预防为主，防患于未然，才能保障他们的人身安全和健康。关注安全，就是关爱生命，关心企业。

安全生产的批评权，是指从业人员对本单位安全生产工作中存在的问题有提出批评的权利。这一权利规定有利于从业人员对生产经营单位进行群众监督，促使生产经营单位不断改进本单位的安全生产工作。

安全生产的检举权、控告权，是指从业人员对本单位及有关人员违反安全生产法律、法规的行为，有向主管部门和司法机关进行检举和控告的权利。检举可以署名，也可以不署名；可以用书面形式，也可以用口头形式。但是，从业人员在行使这一权利时，应注意检举和控告的情况必须真实，要实事求是。

4. 拒绝违章指挥和强令冒险作业权

从业人员享有拒绝违章指挥和强令冒险作业权，这是保护从业人员生命安全和健康的一项重要权利。

在生产劳动过程中，有时会出现企业负责人或者管理人员违章指挥和强令从业人员冒险作业的情况，由此导致生产事故，造成人员伤亡。因此，法律赋予从业人员拒绝违章指挥和强令冒险作业的权利，不仅是为了保护从业人员的人身安全，也是为了警示企业负责人和管理人员必须照章指挥，保证生产安全。企业不得因从业人员拒绝违章指挥和强令冒险作业而对其进行打击报复。

◎法律知识

《安全生产法》第四十六条规定，从业人员有权对本单位安全生产工作中存在的问题提出批评、检举、控告，有权拒绝违章指挥和强令冒险作业。

生产经营单位不得因从业人员对本单位安全生产工作提出批评、检举、控告或者拒绝违章指挥、强令冒险作业而降低其工资、福利等待遇，或者解除与其订立的劳动合同。

◎事故案例

某建材厂在建筑工程施工中违反操作规程，强令工人乘提升吊栏冒险作业，致使钢丝绳中断，造成1人死亡、5人重伤、1人轻伤的严重后果。事故前几天，该厂建筑安装队队长徐某就发现提升吊栏的钢丝绳有点毛，但其未及时采取措施，继续安排工人盲目蛮干。发生事故的当天，工人向副队长时某反映钢丝绳"毛得厉害"，时某检查发现钢丝绳有一尺多长的毛头，便指派安装工钟某更换钢丝绳。而钟某也为了追求进度，轻信钢丝绳不可能马上断，决定先把7名工人送上楼干活之后再换钢丝绳。当提升吊栏接近4楼时，钢丝绳突然断开，导致了这起人员重大伤亡事故的发生。

5. 紧急情况下的停止作业和紧急撤离权

在生产过程中，由于自然和人为危险因素的存在不可避免，经常会在作业时发生一些意外的或者人为的直接危及从业人员人身安全的危险情况，将会或者可能会对从业人员造成人身伤害。当遇到危险紧急情况并且无法避免时，最大限度地保护现场作业人员的生命安全是第一位的，因此，法律赋予其享有停止作业和紧急撤离的权利。

从业人员在行使这项权利的时候，必须明确以下4点：

(1) 危及从业人员人身安全的紧急情况必须有确实可靠的直接根据，凭借个人猜测或者误判而实际并不属于危及人身安全的紧急情况除外，该项权利也不能滥用。

(2) 紧急情况应为直接危及人身安全，间接或者可能危及人身安全的情况不应撤离，而应采取有效处理措施。

(3) 出现危及人身安全的紧急情况时，首先是停止作业，并尽早采取应急措施；采取应急措施无效时，迅速撤离作业场所。

(4) 该项权利不适用于某些从事特殊职业的从业人员，比如车辆驾驶人员等。

◎**法律知识**

《安全生产法》第四十七条规定，从业人员发现直接危及人身安全的紧急情况时，有权停止作业或者在采取可能的应急措施后撤离作业场所。生产经营单位不得因从业人员在前款紧急情况下停止作业或者采取紧急撤离措施而降低其工资、福利等待遇，或者解除与其订立的劳动合同。

6. 工伤保险赔偿权

《安全生产法》规定，劳动者有权要求用人单位依法为其办理工伤保险。用人单位不得以任何形式与从业人员订立协议，免除或者减轻其对从业人员因生产安全事故伤亡依法应当承担的责任。工伤保险费由企业按工资总额的一定比例缴纳，劳动者个人不缴费。

劳动者在生产经营活动中因为各种原因，可能发生意外伤害、职业病以及因这两种情况造成的死亡。在劳动者暂时或永久丧失劳动能力时，劳动者或其亲属有权从国家、社会得到必要的物质补偿。这种物质补偿一般以现金形式体现。

关于工伤保险赔偿，《安全生产法》作出如下规定：

（1）从业人员依法享有工伤保险和伤亡求偿的权利。法律规定这项权利必须以劳动合同必要条款的书面形式加以确认。

（2）依法为从业人员缴纳工伤社会保险费和给予民事赔偿，是生产经营单位的法律义务。

（3）发生生产安全事故后，从业人员首先依照劳动合同和工伤社会保险合同的约定，享有相应的赔付金。

（4）从业人员获得工伤社会保险赔付和民事赔偿的金额标准、领取和支付程序，必须符合法律、法规和国家的有关规定。

◎法律知识

《安全生产法》第四十八条规定，因生产安全事故受到损害的从业人员，除依法享有工伤社会保险外，依照有关民事法律尚有获得赔偿的权利的，有权向本单位提出赔偿要求。

《工伤保险条例》第二条规定，中华人民共和国境内的各类企业、有雇工的个体工商户（以下称用人单位）应当依照本条例规定参加工伤保险，为本单位全部职工或者雇工（以下称职工）缴纳工伤保险费。

中华人民共和国境内的各类企业的职工和个体工商户的雇工，均有依照本条例的规定享受工伤保险待遇的权利。

7. 监督权

我国安全生产监督管理制度包括安全生产监督管理体制、各级安全生产监督管理部门以及其他有关部门各自的安全监督管理职责、公众监督、社区组织监督和新闻舆论监督等重要内容。

《安全生产法》规定，居民委员会、村民委员会发现其所在区域内的生产经营单位存在事故隐患或者安全生产违法行为时，应当向当地人民政府或者有关部门报告。新闻、出版、广播、电影、电视等单位有进行安全生产宣传教育的义务，有对违反安全生产法律、法规的行为进行舆论监督的权利。

发动人民群众和社会力量对安全生产进行监督，对安全生产违法行为进行举报，可以避免或者减少重大安全生产事故的发生，可以使安全生产违法行为得到查处。对进行举报的有功人员给予奖励，以弘扬正气。

四、女职工和未成年工享有的特殊劳动保护权利

1. 女职工享有的特殊劳动保护权利

女职工的身体结构和生理特点决定其在生产劳动中应受到特殊劳动保护。女职工的体力一般比男职工差,特别是女职工在"五期"(经期、孕期、产期、哺乳期、绝经期)有特殊的生理变化现象,所以女职工一般比男职工对工业生产过程中的有毒有害因素敏感性强。另外,高噪声环境、剧烈振动、放射性物质等都能对女性生殖机能和身体产生有害影响。因此,要做好和加强女职工的特殊劳动保护工作,避免和减少劳动生产过程给女职工带来的危害。

《中华人民共和国劳动法》(以下简称《劳动法》)对女职工的特殊劳动保护作出以下规定:

(1) 禁止安排女职工从事矿山井下、国家规定的第四级体力劳动强度的劳动和其他禁忌从事的劳动。

(2) 不得安排女职工在经期从事高处、低温、冷水作业和国家规定的第三级体力劳动强度的劳动。

(3) 不得安排女职工在怀孕期间从事国家规定的第三级体力劳动强度的劳动和孕期禁忌从事的活动。对怀孕 7 个月以上的女职工,不得安排其延长工作时间和夜班劳动。

(4) 女职工生育享受不少于 90 天的产假。

(5) 不得安排女职工在哺乳未满 1 周岁的婴儿期间从事国家规定的第三级体力劳动强度的劳动和哺乳期禁忌从事的其他劳动,不得安排其延长工作时间和夜班劳动。

2. 未成年工享有的特殊劳动保护权利

未成年工是指年满十六周岁未满十八周岁的劳动者。未成年工依法享有特殊劳动保护的权利,这是针对未成年工处于生长发育期的特点以及接受义务教育的需要所采取的特殊劳动保护措施。

未成年工处于生长发育期，身体机能尚未健全，也缺乏生产知识和生产技能，过重及过度紧张的劳动，不良的工作环境，不适的劳动工种或劳动岗位，都会对他们产生不利影响，如果劳动过程中不进行特殊保护，就会损害他们的身体健康。如未成年少女长期从事负重作业和立位作业，可影响其骨盆正常发育，导致其生育难产发病率增高；未成年工对生产性毒物敏感性较高，长期从事有毒有害作业易引起职业中毒，影响其生长发育。

◎法律知识

《劳动法》第六十四条规定，不得安排未成年工从事矿山井下、有毒有害、国家规定的第四级体力劳动强度的劳动和其他禁忌从事的劳动。

第六十五条规定，用人单位应当对未成年工定期进行健康检查。

五、从业人员的基本义务

1. 遵章守规，服从管理

生产经营单位的安全生产规章制度、安全操作规程，是企业管理规章制度的重要组成部分。

根据《安全生产法》及其他有关法律、法规和规章的规定，生产经营单位必须制定本单位安全生产的规章制度和操作规程。从业人员必须严格依照这些规章制度和操作规程进行生产经营作业。单位的负责人和管理人员有权依照规章制度和操作规程进行安全管理，监督检查从业人员遵章守规的情况。依照法律规定，生产经营单位的从业人员不服从管理，违反安全生产规章制度和操作规程的，由生产经营单位给予批评教育，依照有关规章制度给予处分；造成重大事故，构成犯罪的，依照《中华人民共和国刑法》有关规定追究其刑事责任。

◎法律知识

《安全生产法》第四十九条规定，从业人员在作业过程中应当严格遵守本单位的安全生产规章制度和操作规程，服从管理，正确佩戴和使用劳动防护用品。

2. 正确佩戴和使用劳动防护用品

按照法律、法规的规定，为保障人身安全，用人单位必须为从业人员提供必要的、安全的劳动防护用品，以避免或者减轻作业中的人身伤害。但在实践中，由于一些从业人员缺乏安全知识，心存侥幸或嫌麻烦，往往不按规定佩戴和使用劳动防护用品，由此引发的人身伤害事故时有发生。另外，有的从业人员由于不会或者没有正确使用劳动防护用品，同样也难以避免受到人身伤害。因此，正确佩戴和使用劳动防护用品是从业人员必须履行的法定义务，这是保障从业人员人身安全和生产经营单位安全生产的需要。从业人员不履行该项义务而造成人身伤害的，单位不承担法律责任。

◎事故案例

案例1：某日，某化工厂一浓硫酸泵发生故障，须立即组织检修工进行抢修。检修工急忙穿戴好雨衣、防毒口罩、水鞋、防酸手套、安全帽等，但却忘记佩戴防酸眼镜。刚开始时，抢修工作进展十分顺利，但没想到要收工、试车时，一检修工上前去查看，恰巧一股强烈刺鼻的浓硫酸呈水柱状喷射出来，导致该检修工整个脸部、身上都溅满了硫酸，而其双眼因没戴防酸眼镜而被严重灼伤。

案例2：某日下午，某水泥厂包装工在进行倒料作业中，包装工王某因脚穿拖鞋，行动不便、重心不稳，左脚踩进螺旋输送机上部10 cm宽的缝隙内，正在运行的机器将其脚和腿绞了进去。王某大声呼救，其他人员见状立即停车并反转盘车，才将王某的脚和腿退出。尽管王某被迅速送到医院救治，仍造成其左腿高位截肢。

3. 接受安全培训，掌握安全生产技能

不同企业、不同工作岗位和不同的生产设施设备具有不同的安全技术特性和要求。随着高新技术装备的大量使用，企业对从业人员的安全素质要求越来越高。从业人员的安全生产意识和安全技能的高低，直接关系到企业生产活动的安全可靠性。从业人员需要具有系统的安全知识，熟练的安全生产技能，以及对不安全因素和事故隐患、突发事故的预防、处理能力和经验。要适应企业生产活动的需要，从业人员必须接受专门的安全生产教育和业务培训，不断掌握所需的安全生产技术知识，增强事故预防和应急处理能力。

◎法律知识

《安全生产法》第五十条规定，从业人员应当接受安全生产教育和培训，掌握本职工作所需的安全生产知识，提高安全生产技能，增强事故预防和应急处理能力。

4. 及时报告事故隐患或者其他不安全因素

从业人员往往属于事故隐患和不安全因素的第一当事人。许多生产安全事故正是由于从业人员在作业现场发现事故隐患和不安全因素后，没有及时报告，以致延误了紧急处理的时机，最终酿成惨剧。相反，如果从业人员尽职尽责，及时发现并报告事故隐患和不安全因素，使之得到及时、有效的处理，就完全可以避免事故发生和降低事故损失。所以，发现事故隐患并及时报告是贯彻"安全第一，预防为主，综合治理"的方针，加强事前防范的重要措施。

◎法律提示

《安全生产法》第五十一条规定，从业人员发现事故隐患或者其他不安全因素，应当立即向现场安全生产管理人员或者本单位负责人报告；接到报告的人员应当及时予以处理。

第二节 安全生产法律简介

一、《安全生产法》简介

《安全生产法》于2002年11月1日起施行，共七章九十七条。《安全生产法》的核心内容包括以下几方面。

1. 五方运行机制

在《安全生产法》的总则中，规定了保障安全生产的国家总体运行机制，包括以下5个方面：

（1）政府通过立法、执法、监管等手段监管与指导。

（2）企业通过落实预防、应急救援和事后处理等措施保障安全生产。

（3）员工权益与自律，包括8项权益和3项义务。

（4）社会监督与参与，包括公民、工会、舆论和社区等的监督。

（5）中介支持与服务，中介组织通过技术支持和咨询服务等方式为安全生产服务。

2. 两结合监管体制

《安全生产法》明确了我国现阶段实行的国家安全生产监管体制是国家安全生产综合监管与各级政府有关职能部门（公安消防、公安交通、建设、交通运输、铁道、质量技术监督等）专项监管相结合的体制。各有关部门合理分工、相互协调。

3. 七项基本法律制度

《安全生产法》确定了我国安全生产的基本法律制度是：安全生产监督管理制度；生产经营单位安全保障制度；从业人员安全生产权利义务制度；生产经营单位负责人安全责任制度；安全中介服务制度；安全生产责任追究制度；事故应急救援和处理制度。

4. 三大对策体系

《安全生产法》指明了实现我国安全生产的三大对策体系：

（1）事前预防对策体系。即要求生产经营单位建立安全生产责任制、坚持"三同时"、保证安全机构及专业人员、落实安全投入、进行安全培训、实行危险源管理、进行项目安全评价、推行安全设备管理、落实现场安全管理、严格交叉作业管理、实施高危作业安全管理、保证承包租赁安全管理、落实工伤保险等，同时加强政府监管、发动社会监督、推行中介技术支持等都是预防策略。

（2）事中应急救援体系。要求政府建立行政区域的重大安全事故救援体系，制定社区事故应急救援预案；要求生产经营单位进行危险源的预控，制定事故应急救援预案等。

（3）事后处理对策系统。推行严密的事故处理及严格的事故报告制度，实施事故后的行政责任追究制度，强化事故经济处罚，明确事故刑事责任追究等。

5. 生产经营单位主要负责人的六项责任

《安全生产法》特别对生产经营单位负责人的安全生产责任作出了明确规定：建立健全安全生产责任制；组织制定安全生产规章制度和操作规程；保证安全生产投入；督促检查安全生产工作，及时消除生产安全事故隐患；组织制定并实施生产安全事故应急救援预案；及时如实报告生产安全事故。

6. 从业人员的权利和义务

《安全生产法》明确的从业人员的八项权利是：知情权，建议权，批评、检举、控告权，拒绝权，紧急避险权，民事赔偿权，安全保障权，工伤保险权。

从业人员的义务是：遵章守规、服从管理的义务，正确佩戴和使用劳动防护用品的义务，接受安全培训、掌握安全生产技能的义务，及时报告事故隐患或其他不安全因素的义务。

7. 38种违法行为

《安全生产法》明确了政府、生产经营单位、从业人员和中介机构可能的38种违法行为，其中生产经营单位及负责人30种，政府监督部门及人员5种，中介机构1种，从业人员可能的违法行为2种。

8. 13种处罚方式

《安全生产法》明确了相应违法行为的处罚方式：对政府监督管理人员有降级、撤职的行政处罚；对政府监督管理部门有责令改正、责令退还违法收取的费用的处罚；对中介机构有罚款、第三方损失连带赔偿、撤销机构资格的处罚；对生产经营单位有责令限期改正、停产停业整顿、经济罚款、责令停止建设、关闭企业、吊销其有关证照、连带赔偿等处罚；对生产经营单位负责人有行政处分、个人经济罚款、限期不得担任生产经营单位的主要负责人、降职、撤职、处15日以下拘留等处罚；对从业人员有批评教育、依照有关规章制度给予处分的处罚。无论任何人，造成严重后果，构成犯罪的，依照《中华人民共和国刑法》有关规定追究刑事责任。

二、《劳动法》简介

《劳动法》自 1995 年 5 月 1 日起施行。《劳动法》的立法目的是为了保护劳动者的合法权益，调整劳动关系，建立和维护适应社会主义市场经济的劳动制度。

1. 劳动者的权利

劳动者在劳动卫生方面享有以下 7 项权利：

（1）平等就业和选择职业的权利。

（2）取得劳动报酬的权利。

（3）获得劳动安全卫生保护的权利。

（4）接受职业技能培训的权利。

（5）享有社会保险和福利的权利。

（6）提请劳动争议处理的权利。

（7）法律规定的其他劳动权利。

2. 劳动者的义务

劳动者必须履行的义务有以下 4 项：

（1）完成劳动任务。

（2）提高职业技能。

（3）执行劳动安全卫生规程。

（4）遵守劳动纪律和职业道德。

3. 用人单位在劳动安全卫生方面的职责

《劳动法》第五十二条规定："用人单位必须建立、健全劳动安全卫生制度，严格执行国家劳动安全卫生规程和标准，对劳动者进行职业安全卫生教育，防止劳动过程中的事故，减少职业危害。"

《劳动法》第五十三条规定："劳动安全卫生设施必须符合国家规

定的标准。新建、改建、扩建工程的劳动安全卫生设施必须与主体工程同时设计、同时施工、同时投入生产和使用。"

劳动安全卫生设施是指安全技术方面的设施、劳动卫生方面的设施、生产性辅助设施（如女工卫生室、更衣室、饮水设施等）。

劳动安全卫生条件及劳动防护用品要求。《劳动法》第五十四条规定："用人单位必须为劳动者提供符合国家规定的劳动安全卫生条件和必要的劳动防护用品。对从事有职业危害作业的劳动者应当定期进行健康检查。"本条中"国家规定"指《工厂安全卫生规程》《建筑安装工程安全技术规程》《工业企业设计卫生标准》等。

建立伤亡事故和职业病统计报告和处理制度。在劳动生产过程中，由于各种原因发生伤亡事故，产生职业病是不可避免的，为了真实地掌握情况，有效地采取对策，预防或防止事故隐患和职业病的发生，在《劳动法》中特别提出了"建立伤亡事故及职业病统计报告和处理制度"。

对劳动者的职业培训。《劳动法》第五十五条规定："从事特种作业的劳动者必须经过专门培训并取得特种作业资格。"

三、《职业病防治法》简介

《中华人民共和国职业病防治法》（以下简称《职业病防治法》）自 2002 年 5 月 1 日起施行，其立法目的是为了预防、控制和消除职业病危害，防治职业病，保护劳动者健康及其相关权益，促进经济发展。

《职业病防治法》分总则、前期预防、劳动过程中的防护与管理、职业病诊断与职业病病人保障、监督检查、法律责任、附则七章，共七十九条。

《职业病防治法》规定,职业病防治工作采取预防为主、防治结合的方针,实行分类管理、综合治理。

1. 劳动者享有的职业卫生保护权利

《职业病防治法》规定了劳动者享有的 7 项职业卫生保护权利,分别是:

(1) 获得职业卫生教育、培训。

(2) 获得职业健康检查、职业病诊疗、康复等职业病防治服务。

(3) 了解作业场所产生或者可能产生的职业病危害因素、危害后果和应当采取的职业病防护措施。

(4) 要求用人单位提供符合防治职业病要求的职业病防治设施和个人使用的职业病防护用品,改善工作条件。

(5) 对违反职业病防治法律、法规以及危及生命健康的行为提出批评、检举和控告。

(6) 拒绝违章指挥和强令没有职业病防护措施的作业。

(7) 参与用人单位职业卫生工作的民主管理,对职业病防治工作提出意见和建议。

2. 职业病危害项目建设管理

为避免不符合职业卫生要求的项目立项,走先危害后治理的老路,从根本上控制或消除职业危害,《职业病防治法》规定,实行建设项目职业病危害评价制度。

(1) 在建设项目可行性论证阶段,建设单位应当对可能产生的职业病危害因素及其对工作场所和劳动者健康的影响进行评价,确定危害类别和防护措施,并向卫生行政部门提交报告。

(2) 建设项目的职业病防护设施所需费用应当纳入工程预算,防护设施应当与主体工程同时设计，同时施工，同时投入生产和使用。

(3) 建设项目竣工验收时，建设单位应当进行职业病危害控制效果评价，经卫生行政部门验收合格后，方可投入正式生产和使用。

3. 职业病诊断和职业病病人保障

职业病诊断应当由省级以上人民政府卫生行政部门批准的医疗卫生机构承担。劳动者可以在用人单位所在地或者本人居住地依法承担职业病诊断的卫生医疗机构进行职业病诊断。

对已经被诊断为职业病的病人，该法规定用人单位应当按照国家有关规定，安排病人进行治疗、康复和定期检查。职业病病人的诊疗、康复费用，伤残以及丧失劳动能力的职业病病人的社会保障，按照国家有关工伤保险的规定执行。用人单位没有依法参加工伤社会保险的，职业病病人的医疗和生活保障由最后的用人单位承担，除非最后的用人单位有证据证明该职业病与己无关。

关于职业病病人的安置和社会保障，《职业病防治法》规定，用人单位在疑似职业病病人诊断或者医学观察期间，不得解除或者终止与其订立的劳动合同。用人单位对不适宜继续从事原工作的职业病病人，应当调离原岗位，并妥善安置。职业病病人变动工作单位，其依法享有的待遇不变。用人单位发生分立、合并、解散、破产等情形的，应当对从事接触职业危害作业的劳动者进行健康检查，并按照国家有关规定妥善安置职业病病人。

四、《消防法》简介

《中华人民共和国消防法》（以下简称《消防法》）自1998年9月1日起施行，其立法目的是为了预防和减少火灾，保护公民人身、公共财产和公民财产的安全，维护公共安全，保障社会主义现代化建设的顺利进行。

《消防法》共六章五十四条，分别为第一章总则，第二章火灾预防，第三章消防组织，第四章灭火救援，第五章法律责任，第六章附则。

《消防法》第十四条规定了机关、团体、企业、事业单位应当履行的消防安全职责：

（1）制定消防安全制度、消防安全操作规程。

（2）实行防火安全责任制，确定本单位和所属各部门、岗位的消防安全责任人。

（3）针对本单位的特点对职工进行消防宣传教育。

（4）组织防火检查，及时消除火灾隐患。

（5）按照国家有关规定配置消防设施和器材、设置消防安全标志，并定期组织检验、维修，确保消防设施和器材完好、有效。

（6）保障疏散通道、安全出口畅通，并设置符合国家规定的消防安全疏散标志。居民住宅区的管理单位，应当依照前款有关规定，履行消防安全职责，做好住宅区的消防安全工作。

五、《突发事件应对法》简介

《中华人民共和国突发事件应对法》（以下简称《突发事件应对法》）于2007年8月30日经第十届全国人大常委会第二十九次会议审议通过，自2007年11月1日起施行。该法的立法目的是为了预防和减少突发事件的发生，控制、减轻和消除突发事件引起的严重社会危害，规范突发事件应对活动，保护人民生命财产安全，维护国家安全、公共安全、环境安全和社会秩序。

《突发事件应对法》分为总则、预防与应急准备、监测与预警、应急处置与救援、事后恢复与重建、法律责任、附则共七章。该法的制定，对于进一步建立和完善我国的突发事件应急管理体制、机制和法制，预防、控制和消除突发事件的社会危害，提高政府应对突发事件的能力，落实执政为民的要求，构建社会主义和谐社会，都具有重要意义。

《突发事件应对法》第三条规定，本法所称突发事件，是指突然发生，造成或者可能造成严重社会危害，需要采取应急处置措施予以应对的自然灾害、事故灾难、公共卫生事件和社会安全事件。按照社会危害程度、影响范围等因素，自然灾害、事故灾难、公共卫生事件分为特别重大、重大、较大和一般四级。法律、行政法规或者国务院另有规定的，从其规定。

《突发事件应对法》第二十三条规定，矿山、建筑施工单位和易燃易爆物品、危险化学品、放射性物品等危险物品的生产、经营、储运、使用单位，应当制定具体应急预案，并对生产经营场所、有危险物品的建筑物、构筑物及周边环境开展隐患排查，及时采取措施消除隐患，防止发生突发事件。

《突发事件应对法》第二十六条规定，县级以上人民政府及其有关部门可以建立由成年志愿者组成的应急救援队伍。单位应当建立由本单位职工组成的专职或者兼职应急救援队伍。县级以上人民政府应当加强专业应急救援队伍与非专业应急救援队伍的合作，联合培训、联合演练，提高合成应急、协同应急的能力。

《突发事件应对法》第二十七条规定，国务院有关部门、县级以上地方各级人民政府及其有关部门、有关单位应当为专业应急救援人员购买人身意外伤害保险，配备必要的防护装备和器材，减少应急救援人员的人身风险。

第三节 安全生产法规简介

一、《危险化学品安全管理条例》简介

《危险化学品安全管理条例》于 2002 年 1 月 9 日国务院第 52 次常务会议通过，自 2002 年 3 月 15 日起施行。《危险化学品安全管理条例》的立法目的是为了加强对危险化学品的安全管理，保障人民生命、财产安全，保护环境。

危险化学品是指爆炸品、压缩气体和液化气体、易燃液体、易燃固体、自燃物品和遇湿易燃物品、氧化剂和有机过氧化物、有毒品和腐蚀品等。危险化学品列入以国家标准公布的《危险货物品名表》(GB 12268)；剧毒化学品目录和未列入《危险货物品名表》的其他危险化学品，由国务院经济贸易综合管理部门会同国务院公安、环境保护、卫生、质检、交通部门确定并公布。

《危险化学品安全管理条例》的适用范围是在我国境内生产、经营、储存、运输、使用危险化学品和处置废弃危险化学品的各个环节和过程。

《危险化学品安全管理条例》第四条规定，生产、经营、储存、运输、使用危险化学品和处置废弃危险化学品的单位（以下统称危险化学品单位），其主要负责人必须保证本单位危险化学品的安全管理符合有关法律、法规、规章的规定和国家标准的要求，并对本单位危险化学品的安全负责。危险化学品单位从事生产、经营、储存、运输、使用危险化学品或者处置废弃危险化学品活动的人员，必须接受

有关法律、法规、规章和安全知识、专业技术、职业卫生防护和应急救援知识的培训,并经考核合格,方可上岗作业。

《危险化学品安全管理条例》第十五条规定,使用危险化学品从事生产的单位,其生产条件必须符合国家标准和国家有关规定,并依照国家有关法律、法规的规定取得相应的许可,必须建立、健全危险化学品使用的安全管理规章制度,保证危险化学品的安全使用和管理。

《危险化学品安全管理条例》第十六条规定,生产、储存、使用危险化学品的,应当根据危险化学品的种类、特性,在车间、库房等作业场所设置相应的监测、通风、防晒、调温、防火、灭火、防爆、泄压、防毒、消毒、中和、防潮、防雷、防静电、防腐、防渗漏、防护围堤或者隔离操作等安全设施、设备,并按照国家标准和国家有关规定进行维护、保养,保证符合安全运行要求。

《危险化学品安全管理条例》第十八条规定,危险化学品的生产、储存、使用单位,应当在生产、储存和使用场所设置通信、报警装置,并保证在任何情况下都处于正常适用状态。

《危险化学品安全管理条例》第五十条规定,危险化学品单位应当制定本单位事故应急救援预案,配备应急救援人员和必要的应急救援器材、设备,并定期组织演练。危险化学品事故应急救援预案应当报设区的市级人民政府负责危险化学品安全监督管理综合工作的部门备案。

二、《特种设备安全监察条例》简介

《特种设备安全监察条例》于2003年2月19日国务院第68次常务会议通过,自2003年6月1日起施行,该条例分为总则、特种设

备的生产、特种设备的使用、检验检测、监督检查、法律责任和附则，共七章九十一条。经过归纳，条例的精神实质主要体现在五个方面，即：围绕一个宗旨、建立两项制度、实现三个统一、明确四项责任、体现五项原则。

（1）围绕一个宗旨。本条例的宗旨是为了建立和完善适应我国社会主义市场经济体制新形势的特种设备安全监察法律制度，进一步强化特种设备的安全监察，防止和减少事故，保障人民群众生命和财产安全，促进经济发展。

（2）建立两项制度。即：特种设备市场准入制度和特种设备安全监督检查制度。特种设备市场准入制度主要包括：特种设备的生产必须经特种设备安全监督管理部门许可，特种设备使用单位必须经特种设备安全监督管理部门登记核准，特种设备作业人员必须经特种设备安全监督管理部门考核合格，取得作业证书。特种设备安全监督检查制度主要包括：强制检验制度，执法检查制度，事故处理制度，安全监察责任制度。

（3）实现三个统一。即条例实现了监管主体统一，特种设备概念的统一，内外制度的统一。监管主体统一的内涵是明确规定了特种设备安全监督管理部门，即国家质检总局和各级质量技术监督部门对七大类特种设备实施安全监察。特种设备概念的统一是指条例明确规定了锅炉、压力容器、压力管道、电梯、起重机械、客运索道、大型游乐设施为特种设备，以行政法规的形式统一了特种设备的概念。内外制度的统一指为了确保特种设备运行安全，条例对特种设备的设计、制造等行为设立了严格的行政许可规定。无论是国内制造的特种设备还是国外制造的特种设备，只要在中国境内使用，均必须由同一行政主体按照同一技术规范实施同一程序的审查、许可、监督检验。

（4）明确四项责任。条例明确了特种设备生产者、使用者的安全责任和义务。条例规定，特种设备的制造单位、设计单位、安装单位、维修单位、改造单位以及使用单位和个人，应当建立特种设备安全管理制度和岗位安全责任制度，必须具备规定的生产、使用条件，符合技术规范的安全质量要求，其作业人员和管理人员必须经考核取得特种设备作业证书。条例明确了各级人民政府管理特种设备安全监察工作的责任和义务、特种设备安全监督管理部门及检验检测机构的责任和义务、社会监督的权力。

（5）体现五项原则。即：安全至上原则、企业负责原则、权责一致原则、统一监管原则、综合治理原则。企业负责原则是指企业是特种设备安全的第一责任人，条例明确了企业在特种设备安全方面的权利、义务和法律责任。

三、《工伤保险条例》简介

《工伤保险条例》自 2004 年 1 月 1 日起施行。该条例分为总则、工伤保险基金、工伤认定、劳动能力鉴定、工伤保险待遇、监督管理、法律责任和附则，共八章六十四条。

实施《工伤保险条例》的目的是为了保障因工作遭受事故伤害或者患职业病的职工获得医疗救治和经济补偿，促进工伤预防和职业康复，分散用人单位的工伤风险。

《工伤保险条例》规定，中华人民共和国境内的各类企业、有雇工的个体工商户（以下称为用人单位），应当依照本条例规定参加工伤保险，为本单位全部职工或者雇工（以下称职工）缴纳工伤保险费。中华人民共和国境内的各类企业的职工和个体工商户的雇工，均有依照本条例的规定享受工伤保险待遇的权利。有雇工的个体工商户参加工伤保险的具体步骤和实施办法，由省、自治区、直辖市人民政府规定。

《工伤保险条例》规定，用人单位应当将参加工伤保险的有关情况在本单位内公示。用人单位和职工应当遵守有关安全生产和职业病防治的法律法规，执行安全卫生规程和标准，预防工伤事故发生，避免和减少职业病危害。

《工伤保险条例》规定，国务院劳动保障行政部门负责全国的工伤保险工作。县级以上地方各级人民政府劳动保障行政部门负责本行政区域内的工伤保险工作。劳动保障行政部门按照国务院有关规定设立的社会保险经办机构，具体承办工伤保险事务。

四、《生产安全事故报告和调查处理条例》简介

《生产安全事故报告和调查处理条例》自2007年6月1日起施行，其目的是为了规范生产安全事故的报告和调查处理，落实生产安全事故责任追究制度，防止和减少生产安全事故。

该条例适用于生产经营活动中发生的造成人身伤亡或者直接经济损失的生产安全事故的报告和调查处理，不适用于环境污染事故、核设施事故、国防科研生产事故的报告和调查处理。生产安全事故分为特别重大事故、重大事故、较大事故和一般事故。

该条例规定，事故发生后，事故现场有关人员应当立即向本单位负责人报告；单位负责人接到报告后，应当于1 h内向事故发生地县级以上人民政府安全生产监督管理部门和负有安全生产监督管理职责的有关部门报告。情况紧急时，事故现场有关人员可以直接向事故发生地县级以上人民政府安全生产监督管理部门和负有安全生产监督管

理职责的有关部门报告。

该条例规定，事故发生后，有关单位和人员应当妥善保护事故现场以及相关证据，任何单位和个人不得破坏事故现场、毁灭相关证据。因抢救人员、防止事故扩大以及疏通交通等原因，需要移动事故现场物件的，应当作出标志，绘制现场简图并作出书面记录，妥善保存现场重要痕迹、物证。

该条例规定，特别重大事故由国务院或者国务院授权有关部门组织事故调查组进行调查。重大事故、较大事故、一般事故分别由事故发生地省级人民政府、设区的市级人民政府、县级人民政府负责调查。省级人民政府、设区的市级人民政府、县级人民政府可以直接组织事故调查组进行调查，也可以授权或者委托有关部门组织事故调查组进行调查。未造成人员伤亡的一般事故，县级人民政府也可以委托事故发生单位组织事故调查组进行调查。

五、《冶金安全生产管理和监督规定》简介

国家安全生产监督管理总局于2008年3月公布了《冶金安全生产管理和监督规定》送审稿，共三十六条。其目的是为了加强冶金安全生产监督管理工作，防止和减少生产安全事故与职业危害，保障从业人员生命安全与健康。

该规定适用于焦化、烧结、球团、炼铁、炼钢、轧钢、铁合金以及与之配套的耐火材料、炭素、煤气、氧气及相关气体等生产作业活动及其监督管理，不适用于有色金属冶炼、加工的生产作业活动及其监督管理。

冶金企业应当设置专门的安全生产管理机构，配备必需的安全生产管理人员。冶金企业应当对危险源进行辨识分析，登记建档，实行

分级管理，并定期进行检测、评估。对重大危险源应当采取监控措施加强管理，并报相应的安全生产监督管理部门备案。冶金企业应当建立、健全应急管理体系，制定事故应急预案，定期开展宣传、教育、培训和演练，并根据有关法律法规的要求及本单位安全生产的实际需要，配备必要的应急救援装备与器材。

冶金企业应当加强设备设施的维护检修，并作好记录。安全设备设施和安全保护装置应当定期检查、校验。在起重设备的吊运影响范围内，不得设置会议室、休息室、更衣室等人员集中的活动场所。

该规定对检修作业、煤气作业、焦化生产、球团生产、炼铁生产、炼钢及铁合金生产、轧钢生产、氧气及相关气体生产、耐火材料生产、炭素生产等工艺流程中容易发生事故的重点环节加强现场安全管理，提出了相应要求。

第四节　冶金安全生产规程简介

一、《炼铁安全规程》简介

AQ 2002—2004《炼铁安全规程》自 2005 年 3 月 1 日起实施。该规程充分考虑了炼铁生产工艺的特点（除存在通常的机械、电气、运输、起重等方面的危险因素外，还存在易燃易爆和有毒有害气体、高温热源、金属液体、尘毒、放射源等方面的危险、有害因素），适用于炼铁厂的设计、设备制造、施工安装、生产和设备检修。

该规程主要包括：安全管理，厂址选择和厂区布置，一般规定，供上料系统，炉顶设备，高炉主体构造和操作，喷吹煤粉，富氧鼓风，热风炉和荒煤气系统，炉前出铁场和炉台构筑物，铁、渣处理，铸铁机，碾泥机，通信、信号、仪表和计算机，电气、起重设备，设备检修。

二、《炼钢安全规程》简介

AQ 2001—2004《炼钢安全规程》自 2005 年 3 月 1 日起实施。该规程充分考虑了炼钢生产工艺的特点（与炼铁生产工艺相同），适用于炼钢厂的设计、设备制造、施工安装、生产和设备检修。

该规程主要包括：安全管理，厂（车间）位置的选择与布置，厂房及其内部建筑物、构筑物，原材料，炼钢相关设备，氧气转炉，电炉，炉外精炼，钢水浇注，动力供应与管线，炉渣，修炉。

三、《轧钢安全规程》简介

AQ 2003—2004《轧钢安全规程》自 2005 年 3 月 1 日起实施。该规程充分考虑了轧钢生产工艺的特点（与炼铁生产工艺相同），适用于轧钢厂的设计、设备制造、施工安装、生产和设备检修。

该规程主要包括：安全管理，厂区布置与厂房建筑，危险场所与防火，基本规定，加热，轧制，镀涂、清洗和精整，起重与运输，电气安全与照明。

四、《工业企业煤气安全规程》简介

GB 6222—2005《工业企业煤气安全规程》适用于工业企业厂区内的发生炉、水煤气炉、半水煤气炉、高炉、焦炉、直立连续式炭化炉、转炉等煤气及压力小于或等于 12×10^5 Pa 的天然气（不包括开采和厂外输配）的生产、回收、输配、储存及使用设施的设计、制造、施工、运行、管理和维修等，不适用于城市煤气市区干管、支管和庭院管网及调压设施、液化石油气等。

该规程主要包括：基本要求，煤气生产、吸收与净化，煤气管道

(含天然气管道),煤气管道设备与附属装置,煤气加压站与混合站,煤气柜,煤气设施的操作与检修,煤气事故处理,煤气调度室与煤气防护站。

五、《工业企业厂内铁路、道路运输安全规程》简介

GB 4387—1994《工业企业厂内铁路、道路运输安全规程》适用于工业企业厂内铁路、道路的运输及其装卸作业,矿山和物资仓库的铁路和道路运输及其装卸作业也可参照使用,不适用于林场建筑工地以及铁道交通公安部门管辖的铁路和道路。

该规程主要包括:基本要求,铁路运输(有铁路运输设施,铁路限界线路间距及线路有关距离,信号安全标志,道口安全,列车运行和调车作业的要求,液体金属熔渣和高温货物的运输,危险货物的运输,线路维修和安全防护),道路运输(有厂内道路,车辆,车辆装载,动车行驶,机动车驾驶员),装卸。

六、《氧气及相关气体安全技术规程》简介

GB 16912—1997《氧气及相关气体安全技术规程》适用于深度冷冻法生产氧气及相关气体的企业,规定了氧气及相关气体的生产储存输配和使用中必须遵守的安全要求。

该规程主要包括:基本要求,生产运行和设备的一般要求,氧气生产和设备,相关气体生产和设备,氧气管道,检修维修,氧气使用,劳动卫生。

七、《烧结球团安全规程》简介

《烧结球团安全规程》(原冶金工业部[88]冶安环字第366号颁发)适用于烧结球团厂(车间,下同)的设计、施工安装、生产、维修和管理。

该规程主要包括：总则，厂区布置与厂房建筑，基本规定，原料，配料、混合、烧结、球团，电气安全与照明，起重与运输，工业卫生，附则。

八、《耐火安全规程》简介

《耐火安全规程》（原冶金工业部［89］冶安字第23号文颁发）适用于耐火厂（或车间）的设计、施工、验收、生产及维修。

该规程主要包括：总则，厂址选择及厂区布置，基本规定，工艺，化验、检验，起重与运输，管线，电气安全，工业卫生，附则。

九、《焦化安全规程》简介

GB 12710—1991《焦化安全规程》适用于各类型焦化厂新建、扩建和改造工程项目的设计、施工与验收，以及现有设施的生产、维护、检修和管理，规定了焦化厂安全生产的有关要求。

该规程主要包括：基本要求，厂址、厂区、厂房，消防设施，电气设施，化工装置，备煤。

十、《冶金企业安全卫生设计规定》简介

《冶金企业安全卫生设计规定》（原冶金工业部1996年5月2日颁发）适用于冶金企业的新建、扩建、改建项目和引进工程项目的职业安全卫生设计。

该规定主要包括：总则，各设计阶段的安全卫生要求，厂址选择与布置，安全技术，工业卫生，专业部分，安全卫生管理，附则。

第3章 安全生产管理知识

第一节 安全规章制度与责任制

一、建立安全规章制度的目的和意义

安全规章制度是生产经营单位贯彻国家有关安全生产法律法规、国家和行业标准，贯彻国家安全生产方针政策的行动指南，是生产经营单位有效防范生产经营过程中安全生产风险，保障从业人员安全和健康，加强安全生产管理的重要措施。

建立、健全安全规章制度是生产经营单位的法定责任。生产经营单位是安全生产的责任主体，国家有关法律法规对生产经营单位加强安全规章制度建设有明确的要求。《安全生产法》第四条规定："生产经营单位必须遵守本法和其他有关安全生产的法律、法规，加强安全生产管理，建立、健全安全生产责任制度，完善安全生产条件，确保安全生产。"《突发事件应对法》第二十二条规定："所有单位应当建立健全安全管理制度，定期检查本单位各项安全防范措施的落实情况，及时消除事故隐患。"

建立、健全安全规章制度是生产经营单位安全生产的重要保障。生产经营的目的就是追求利润，但是在生产经营中，如果不能有效防

范安全风险,生产经营单位的生产经营秩序就不能得到保障,甚至还会引发社会的灾难。生产经营单位需要制定出一系列的操作规程和安全控制措施,以保障生产经营工作合法、有序、安全地运行,将安全风险降到最低。生产经营单位的安全风险防范对策及措施只有形成规章制度,才能有效地得到继承和发扬。

建立、健全安全规章制度是生产经营单位保护从业人员安全与健康的重要手段。安全生产的法律法规明确规定,生产经营单位必须采取切实可行的措施,保障从业人员的安全与健康。因此,只有通过安全规章制度的约束,才能防止生产经营单位安全管理的随意性,才能使从业人员进一步明确自己的权利和义务,有效地保障从业人员的合法权益。同时,也为从业人员在生产经营过程中遵章守纪提供了明确的标准和依据。

二、安全规章制度的管理

生产经营单位每年应编制安全规章制度制订、修订的工作计划。安全规章制度的制定一般包括起草、会签、审核、签发、发布5个流程。

安全规章制度由负有安全生产管理职能的部门负责起草,应在送交相关领导签发前征求有关部门的意见。安全规章制度在签发前应进行审核。安全规章制度应采用固定的发布方式,如通过红头文件的形式、在单位内部办公网络发布等。发布的范围应覆盖与制度相关的部门及人员。

安全规章制度发布后,生产经营单位应组织有关人员进行学习和培训,对安全操作类安全规章制度,还应对相关人员进行考核,合格后才能上岗作业。安全规章制度日常管理的重点是执行过程中的动态检查，确保制度得到贯彻落实。

安全生产经营单位应每年对安全规章制度进行一次修订，并公布现行有效的安全规章制度清单。对安全操作规程类安全规章制度，除每年进行一次修订外，3~5年应组织进行一次全面修订，并重新印刷。

三、安全规章制度的种类

安全规章制度很多，一般由综合安全管理、人员安全管理、设备设施安全管理、环境安全管理4类组成。

1. 综合安全管理制度

综合安全管理制度主要包括：

(1) 安全生产责任制度。

(2) 安全措施和费用管理制度。

(3) 重大危险源管理制度。

(4) 危险物品使用管理制度。

(5) 隐患排查和治理制度。

(6) 事故调查报告处理制度。

(7) 消防安全管理制度。

(8) 安全奖惩制度。

2. 人员安全管理制度

人员安全管理制度主要包括：

(1) 安全教育培训制度。

(2) 特种作业及特殊作业管理制度。

(3) 劳动防护用品发放使用和管理制度。

(4) 岗位安全规范。

(5) 职业健康检查制度。

3. 设备设施安全管理制度

设备设施安全管理制度主要包括：

(1) 三同时制度。

(2) 定期巡视检查制度。

(3) 定期维护检修制度。

(4) 定期检测、检验制度。

(5) 安全操作规程。

4. 环境安全管理制度

环境安全管理制度主要包括：

(1) 安全标志管理制度。

(2) 作业环境管理制度。

(3) 工业卫生管理制度。

四、建立安全生产责任制的重要性

安全生产责任制是按照安全生产方针和"管生产的同时必须管安全"的原则，将各级负责人员、各职能部门及其工作人员和各岗位生产人员在安全生产方面应做的事情和应负的责任加以明确规定的一种制度。

安全生产责任制是生产经营单位岗位责任制和经济责任制度的重要组成部分，是生产经营单位各项安全生产规章制度的核心，同时也是生产经营单位最基本的安全管理制度。

建立安全生产责任制的目的，一方面是增强生产经营单位各级负责人员、各职能部门及其工作人员和各岗位人员对安全生产的责任感；另一方面是明确生产经营单位中各级负责人员、各职能部门及其工作人员和各岗位生产人员在安全生产中应履行的职能和应承担的责任，以充分调动各级人员和各部门在安全生产方面的积极性和主观能动性，确保安全生产。

建立安全生产责任制的重要意义主要体现在两方面。一是落实我国安全生产方针和有关安全生产法规和政策的具体要求。《安全生产法》第四条明确规定，生产经营单位必须建立、健全安全生产责任制，完善安全生产条件，确保安全生产。二是通过明确责任使各级各类人员真正重视安全生产工作，对预防事故和减少损失、进行事故调查和处理、建立和谐社会等均具有重要作用。

生产经营单位是安全生产的责任主体，生产经营单位必须建立安全生产责任制，把"安全生产，人人有责"从制度上固定下来，生产经营单位法定代表人要切实履行本单位安全生产第一责任人的职责，把安全生产的责任落实到每个环节、每个岗位、每个人，从而增强各级管理人员的责任心，使安全管理工作既做到责任明确，又互相协调配合，共同努力把安全生产工作真正落到实处。

五、安全生产责任制的主要内容

建立完善的安全生产责任制的总要求是横向到边、纵向到底，并由生产经营单位主要负责人组织建立。其主要内容包括两个方面：

（1）纵向方面，即从上到下所有类型人员的安全生产职责。在建立责任制时，可首先将本单位从主要负责人一直到岗位工人分成相应的层级；然后结合本单位的实际工作，对不同层级的人员在安全生产中应承担的职责作出规定。

（2）横向方面，即各职能部门（包括党、政、工、团）的安全生产职责。在建立责任制时，可按照本单位职能部门的设置（如安全、设备、技术、生产、人事、培训、宣传、工会等），分别对其在安全生产中应承担的职责作出规定。

安全生产责任制在纵向方面包括下列几类人员：

（1）生产经营单位主要负责人。生产经营单位的主要负责人是本单位安全生产的第一责任人，对安全生产工作全面负责。

（2）生产经营单位其他负责人。生产经营单位其他负责人在各自职责范围内，协助主要负责人搞好安全生产工作。

（3）生产经营单位各职能部门负责人及其工作人员。各职能部门负责人的职责是按照本部门的安全生产职责，组织有关人员做好本部门安全生产责任制的落实，并对本部门职责范围内的安全生产工作负责。各职能部门的工作人员则是在本人职责范围内做好有关安全生产工作，并对自己职责范围内的安全生产工作负责。

（4）班组长。班组是搞好生产经营单位安全生产工作的关键。班组长全面负责本班组的安全生产工作，是安全生产法律、法规和规章制度的直接执行者。班组长的主要职能是贯彻执行本单位对安全生产的规定和要求，督促本班组的工人遵守有关安全生产规章制度和安全操作规程，切实做到不违章指挥，不违章作业，遵守劳动纪律。

（5）岗位工人。岗位工人对本岗位的安全生产负直接责任。岗位工人的主要职责是要接受安全生产教育和培训，遵守有关安全生产规章和安全操作规程，遵守劳动纪律，不违章作业。特种作业人员必须接受专门的培训，经考试合格取得操作资格证书，方可上岗作业。

六、生产经营单位主要负责人的安全职责

根据《安全生产法》，生产经营单位主要负责人的职责为：

（1）建立、健全本单位安全生产责任制。

(2) 组织制定本单位安全生产规章制度和操作规程。

(3) 保证本单位安全生产投入的有效实施。

(4) 督促、检查本单位的安全生产工作,及时消除生产安全事故隐患。

(5) 组织制定并实施本单位的生产安全事故应急救援预案。

(6) 及时、如实报告生产安全事故。

可根据上述6个方面,并结合本单位的实际情况,对主要负责人的职责作出具体规定。

七、车间和班组安全员的安全生产职责

车间安全员的安全生产职责主要有:

(1) 在车间主任的领导下,负责车间的安全生产工作,协助车间主任贯彻上级安全生产的指示和规定,并检查、督促执行。

(2) 负责或参与制定车间有关安全生产管理制度和安全技术操作规程,并检查执行情况。

(3) 做好职工的安全思想、安全技术教育与考核工作,负责新入厂人员的二级安全教育,督促检查班组岗位三级教育。

(4) 负责编制车间安全技术措施计划和隐患整改方案,并负责及时上报和检查落实。

(5) 负责车间安全设备、灭火器材、防护器材和急救器具的管理,落实设备装置检修停工、开工的安全措施。

(6) 负责日常安全检查工作,及时发现隐患,制止违章行为。

班组安全员的安全生产职责主要有:

(1) 协助班组长做好本班组安全工作,包括班前安全布置、班中安全检查、班后安全总结等。

(2) 组织开展本班组各种安全活动，认真做好安全活动日记录，提出改进安全工作的意见和建议。

(3) 对新工人进行岗位安全教育。

(4) 检查督促班组人员合理使用劳动防护用品及消防器材。

(5) 严格执行有关安全生产的各项规章制度，发现违章作业有权制止，并及时报告。

(6) 及时了解事故发生情况，维护好现场，并及时向领导报告。

八、岗位工人的安全生产职责

(1) 认真学习和严格遵守各项规章制度，不违反劳动纪律，不违章作业，对本岗位的安全生产负直接责任。

(2) 精心操作，严格执行工艺纪律，做好各项记录。交接班必须交接安全情况。

(3) 正确分析、判断和处理各种事故隐患，把事故消灭在萌芽状态，如发生事故要正确处理，及时、如实地向上级报告，并保护现场，做好详细记录。

(4) 按时认真进行巡回检查，发现异常情况及时处理和报告。

(5) 正确操作，精心维护设备，保持作业环境整洁，搞好文明生产。

(6) 上岗必须按规定着装，妥善保管和正确使用各种防护器具和灭火器材。

(7) 积极参加各种安全活动。

(8) 有权拒绝违章作业的指令，对他人违章作业加以劝阻和制止。

◎ **法律知识**

《中华人民共和国刑法》第一百三十四条规定，在生产、作业中违反有关安全管理的规定，因而发生重大伤亡事故或者造成其他严重后果的，处三年以下有期徒刑或者拘役；情节特别恶劣的，处三年以上七年以下有期徒刑。

第一百三十六条规定，违反爆炸性、易燃性、放射性、毒害性、腐蚀性物品的管理规定，在生产、储存、运输、使用中发生重大事故，造成严重后果的，处三年以下有期徒刑或者拘役；后果特别严重的，处三年以上七年以下有期徒刑。

九、安全技术措施计划

为改善企业生产过程中的安全生产条件所采取的各项技术措施，统称为安全技术措施，为此所编制的措施计划称为安全技术措施计划。安全技术措施计划是企业安全管理的基本制度之一，是生产财务计划的一个组成部分，是改善企业生产条件，有效防止事故和职业病的重要保证。

通过编制和实施安全技术措施计划，可以把改善劳动条件的工作纳入国家和企业的生产建设计划之中，有计划、有步骤地解决安全技术中的重大技术问题，合理使用资金，保证安全技术措施的落实。

安全技术措施计划的项目范围，包括改善劳动条件、防止事故、预防职业病、提高职工安全素质等技术措施。主要包括4类：

（1）安全技术措施。指以防止工伤事故和减少事故损失为目的的一切技术措施，如安全防护装置、保险装置、信号装置、防火防爆装置等。

（2）卫生技术措施。指改善对职工身体健康有害的生产环境条件、防止职业中毒与职业病的技术措施,如防尘、防毒、防噪声与振动、通风、降温、防辐射等装置或设施。

(3) 辅助措施。指保证工业卫生方面所必需的房屋及一切卫生性保障措施,如尘毒作业人员的淋浴室、更衣室或存衣箱、消毒室、妇女卫生室、急救室等。

(4) 安全宣传教育措施。指提高作业人员安全素质的有关宣传教育设备、仪器、教材和场所等,如劳动保护教育室、安全卫生教材、挂图、宣传画、培训室、培训费用、安全卫生展览等。

第二节 安全生产教育培训

一、安全生产教育培训的基本要求

安全教育培训工作是贯彻"安全第一、预防为主、综合治理"安全生产方针,实现安全生产和文明生产,提高员工安全意识和安全素质,防止产生不安全行为,减少人为失误的重要途径。进行安全生产教育,首先要提高生产经营单位管理者及员工的安全生产责任感和自觉性,认真学习有关安全生产的法律、法规和安全生产基本知识;其次是普及和提高员工的安全技术知识,增强安全操作技能,强化安全意识,从而保护自己和他人的安全与健康。

《安全生产法》第二十至二十三条、第三十六条和第五十条对安全生产教育培训作出了明确规定。

《安全生产法》第二十条规定,生产经营单位的主要负责人和安全生产管理人员必须具备与本单位所从事的生产经营活动相应的安全生产知识和管理能力。危险物品的生产、经营、储存单位以及矿山、建筑施工单位的主要负责人和安全生产管理人员,应当由有关主管部门对其安全生产知识和管理能力考核合格后方可任职。

第二十一条规定,生产经营单位应当对从业人员进行安全生产教育和培训,保证从业人员具备必要的安全生产知识,熟悉有关的安全生产规章制度和安全操作规程,掌握本岗位的安全操作技能。未经安全生产教育和培训合格的从业人员,不得上岗作业。

第二十三条规定,生产经营单位的特种作业人员必须按照国家有关规定经专门的安全作业培训,取得特种作业操作资格证书,方可上岗作业。特种作业人员的范围由国务院负责安全生产监督管理的部门会同国务院有关部门确定。

第五十条规定,从业人员应当接受安全生产教育和培训,掌握本职工作所需的安全生产知识,提高安全生产技能,增强事故预防和应急处理能力。

为了贯彻落实《安全生产法》,国家安全生产监督管理总局颁发了一系列有关安全生产教育培训的文件,包括《关于生产经营单位主要负责人、安全生产管理人员及其他从业人员安全生产培训考核工作的意见》《关于特种作业人员安全技术培训考核工作的意见》《生产经营单位安全培训规定》《关于加强安全生产应急管理培训工作的实施意见》,与教育部等6部门联合颁发了《关于加强农民工安全生产培训工作的意见》。

二、特种作业人员的安全教育培训

1. 特种作业与特种作业人员

特种作业是指在劳动过程中容易发生伤亡事故,对操作者本人、他人和周围设施的安全可能造成重大危害的作业。直接从事特种作业的人员称为特种作业人员。

特种作业及特种作业人员范围包括：

(1) 电工作业。含发电工、送电工、变电工、配电工、电气设备的安装工、运行工、检修（维修）工、试验工、矿山井下电钳工。

(2) 金属焊接、切割作业。含焊接工、切割工。

(3) 起重机械（含电梯）作业。含起重机械（含电梯）司机、司索工、信号指挥工、安装与维修工。

(4) 企业内机动车辆驾驶。含在企业内及码头、货场等生产作业区域和施工现场行驶的各类机动车辆的驾驶人员。

(5) 登高架设作业。含 2 m 以上登高架设工、拆除工、维修工、高层建（构）筑物表面清洗工。

(6) 锅炉作业（含水质化验）。含承压锅炉的操作工、锅炉水质化验工。

(7) 压力容器作业。含压力容器罐装工、检验工、运输押运工、大型空气压缩机操作工。

(8) 制冷作业。含制冷设备安装工、操作工、维修工。

(9) 爆破作业。含地面工程爆破工、井下爆破工。

(10) 矿山通风作业。

(11) 矿山排水作业。

(12) 矿山安全检查作业。

(13) 矿山提升运输作业。

(14) 采掘（剥）作业。

(15) 矿山救护作业。

(16) 危险物品作业。含危险化学品、民用爆炸品、放射性物品的操作工、运输押运工、储存保管员。

（17）经国家安全生产监督管理总局（国家煤矿安全监察局）批准的其他作业。

2. 特种作业人员的培训、考核和取证

特种作业人员在劳动生产过程中担负着特殊任务，所承担的风险较大，一旦发生事故，便会给企业生产、职工生命安全造成较大损失。因此，在特种作业人员上岗前，必须进行专门的安全技术和操作技能的培训，并经严格的考试。考试合格并取得《特种作业人员操作证》后，方可上岗作业。未经培训，或培训考核不合格者，不得上岗作业。

特种作业人员的培训实行全国统一培训大纲、统一考核标准、统一证件的制度。《特种作业人员操作证》由国家统一印制，地、市级以上行政主管部门负责签发，全国通用。特种作业人员安全技术考核包括安全技术理论考试和实际操作技能考核两部分，以实际操作技能考核为主。

2002年10月，原国家安全生产监督管理局颁布了《特种作业人员安全技术培训大纲及考核标准（通用部分）》。该大纲与标准内容涉及电工作业人员、金属焊接与切割作业人员、电梯驾驶员、企业内机动车辆驾驶人员、起重机司机、起重司索指挥作业人员、制冷与空调作业人员、登高架设作业人员8个工种，作为特种作业人员安全技术培训、考核工作的指导性文件。

◎**事故案例**

2007年3月12日，杭州市余杭区某乡镇一家汽车配件有限公司的模压车间内发生一起机械伤害事故，工人江某在操作一台模压机的过程中，被弹射出来的模具击中头部，经医院抢救无效死亡。调查认定，这是一起因违规操作引发的机械伤害事故。死者江某年仅36岁，来这家汽车配件有限公司上班不足1个月，此次是他第一次单独操作模压机。由于江某缺乏特种作业安全技术和操作技能、未取得特种作业操作资格证、违反操作规程作业，加上企业三级教育、岗前培训不到位等原因，导致了这起事故的发生。

3. 特种作业人员的重新考核与证件的复审

离开特种作业岗位6个月以上的特种作业人员，应当重新进行实际操作考核，经确认合格后方可上岗作业。

特种作业操作资格证书每2年由原考核发证部门复审一次。连续从事本工种10年以上的，经用人单位进行知识更新教育后，每4年复审一次。

复审的内容包括：健康检查、违章记录、安全新知识和事故案例教育、本工种安全技术知识考试。未按期复审或复审不合格者，其操作证自行失效。

三、从业人员安全生产教育培训的基本内容

生产经营单位的其他从业人员（简称"从业人员"）是指除主要负责人和安全生产管理人员以外，该单位从事生产经营活动的所有人员，包括其他负责人、管理人员、技术人员和各岗位的工人，以及临时聘用的人员。

1. 新从业人员的教育培训

新从业人员应进行厂（矿）、车间（工段、区、队）、班组三级教育培训，教育培训时间不得少于24学时。其中，农民工每年必须接受再培训，培训时间不得少于8学时。煤矿、非煤矿山、危险化学

品、烟花爆竹等生产经营单位新上岗的从业人员安全培训时间不得少于 72 学时，每年接受再培训的时间不得少于 20 学时。

2. 调岗安全教育

调岗安全教育是指职工调换工作岗位时进行的新操作方法和新工作岗位的安全教育。调换新工作岗位，主要指职工在车间内或厂内换工种，或调换到与原工作岗位操作方法有差异的岗位，以及短期参加劳动的干部等。这些人员应由接收单位进行相应工种的安全生产教育，一般只需进行车间、班组二级安全教育。

3. 复工安全教育

复工安全教育是指职工在伤、病愈后或经过较长的假期后，复工上岗前的安全教育。复工安全教育的对象包括因工伤痊愈后的人员及各种休假超过 3 个月以上的人员，其安全教育应由企业各级分别进行。经过教育后，由劳动人事部门出具复工通知单，班组接到复工通知单后，方允许其上岗操作。

4. "四新"安全教育

企业实施新工艺、新技术或者使用新设备、新材料时，应对从业人员进行有针对性的安全生产教育培训。由于"四新"作业未知因素多，从业人员对危险因素了解甚少，缺乏操作知识，容易发生事故，因此，必须对操作者和有关人员加强安全教育和管理。经严格考试合格后，才允许上机操作。

单位要确立终身教育的观念和全员培训的目标，对在岗的从业人员应进行经常性的安全生产教育培训。

四、三级安全教育的主要内容

三级安全教育是为了使新工人从一入厂就逐步树立正确的安全思

想,遵守安全规章制度,熟悉安全生产知识,掌握安全操作技能的基本教育制度。新从业人员的三级安全教育包括厂(矿)级教育、车间(工段、区、队)级教育、班组级教育。

1. 厂级安全教育

厂级安全教育一般由企业安全部门组织实施,主要内容有:安全生产方针政策,法律法规,本单位安全生产情况及安全生产基本知识,本单位安全生产规章制度和劳动纪律,从业人员安全生产权利和义务,企业内设置的各种警告标志和信号装置,事故应急救援、事故应急预案演练及防范措施,以及有关的典型事故案例等。

2. 车间级安全教育

车间级安全教育是新职工分配到车间后,在尚未进入岗位前进行的安全教育。一般由车间负责安全工作的干部组织实施。主要内容为:

(1) 车间的安全概况。包括车间的安全生产状况,车间组织结构,车间生产规模及任务、工艺流程和生产设备及技术装备,车间安全生产规章制度,作业场所和工作岗位存在的危险有害因素,常见事故及预防措施。

(2) 车间安全技术基础知识。包括机电安全知识,安全设备设施、个人防护用品的使用和维护,所从事工种的操作技能及安全标准,职业卫生知识,灭火器的性能、使用方法,自救互救、急救方法,紧急疏散和现场紧急情况的处理等。

(3) 有关事故案例。

3. 班组安全教育

班组安全教育是新职工入厂之日起上岗之前的安全教育,通常由班组长或班组安全员组织实施教育，内容包括：

（1）本班组的概况，包括班组成员及职责、生产工艺及设备、日常接触的各种机具设备及其安全防护设施的性能和作用、安全生产概况和经验教训。

（2）班组规章制度，所从事工种的安全职责和作业要求，安全操作规程；班组安全管理制度。

（3）文明生产的要求，如何保持工作地点和环境的整洁，合格班组建设；劳动防护用品（用具）的正确使用方法；班组危险、有害因素分析。

（4）有关事故案例等。

五、安全生产教育培训的形式

安全教育培训的形式和方法与一般教学的形式和方法相同，且多种多样，各有特点。在实际应用中，要根据教育培训的内容和对象灵活选择。

安全教育培训的主要方法有：课堂讲授法、实际演练法、案例研讨法、读书指导法、宣传娱乐法等。

经常性安全教育培训的形式有：每天的班前班后会上说明安全注意事项，安全活动日，安全生产会议，各类安全生产业务培训班，事故现场分析会，张贴安全生产招贴画、宣传标语及标志，安全文化知识竞赛等。

第三节　安全生产检查

一、安全生产检查的类型

安全检查是企业安全生产的一项基本制度，是企业安全生产管理的重要内容之一,是消除隐患、防止事故发生、改善劳动条件的重要手段。通过安全生产检查,可以发现生产经营单位生产过程中的危险因素,以便有计划地制定纠正措施,保证安全生产。

安全检查通常可分为以下 6 种类型:

(1) 定期安全检查。定期安全检查一般是通过有计划、有组织、有目的的形式来实现的。检查周期根据各单位实际情况确定,如次/年、次/季、次/月等。定期检查面广,有深度,能及时发现并解决问题。

(2) 经常性(日常)安全检查。经常性安全检查采取个别的、日常的巡视方式来实现。在施工(生产)过程中进行经常性的预防检查,能及时发现隐患,及时消除,保证施工(生产)正常进行。

(3) 季节性及节假日前后安全检查。由各级生产单位根据季节变化,按事故发生的规律对易发的潜在危险,突出重点进行季节检查,如冬季防冻保温、防火、防煤气中毒;夏季防暑降温、防汛、防雷电等检查。由于节假日前后的职工注意力在过节上,容易发生事故,因而应在节假日前后进行有针对性的安全检查。

(4) 专业(项)安全检查。专业(项)安全检查是对某个专业(项)问题或在施工(生产)中存在的普遍性安全问题进行的单项定性或定量检查。如对危险性较大的在用设备、设施,作业场所环境条件的管理性或监督性定量检测检验则属专业(项)安全检查。专业(项)安全检查具有较强的针对性和专业要求,用于检查难度较大的项目。通过检查,发现潜在问题,研究整改方案,及时消除隐患,进行技术改造。

(5) 综合性安全检查。综合性安全检查一般是由主管部门对下属各企业或生产单位进行的全面综合性检查,必要时可组织进行系统的安全性评价。

(6)职工代表不定期的安全巡查。由企业或车间工会负责组织有专业技术特长的职工代表进行安全生产巡视和检查。重点查国家安全生产方针、法规的贯彻执行情况;查单位领导干部安全生产责任制的执行情况;查工人安全生产权利的保障情况;查事故原因、隐患整改情况。此类检查可进一步强化各级领导安全生产责任制的落实,促进职工劳动保护合法权利的维护。

二、安全检查的内容

安全生产检查的内容包括软件系统和硬件系统。软件系统主要查思想、查意识、查制度、查管理、查事故处理、查隐患、查整改。硬件系统主要是查生产设备、查辅助设施、查安全设施、查作业环境。

安全检查一般包括以下项目:

(1)连续生产的单位重点检查交接班制度执行情况。

(2)危险施工现场应确保配备安全监护人,并认真履行职责,保留完整的安全监护记录。所使用的设备、设施、工具、用具、仪表、仪器、容器等都应由专人保管,有安全检查责任牌,按时进行检查。

(3)所有设备、设施、工具、用具必须完好齐全;防护、保险、信号、仪表、报警等安全装置完好齐全,准确有效,所有场地的油气水管线、闸门无跑、冒、滴、漏现象,消防设施、器材、工具按要求配备,保管完好,定期进行检验维修,实行挂牌责任制。

(4)应设置安全标志的地方,按标准设置且标志完好清晰;电气、电路安装正确、完好;该使用防爆电器的地方,按要求使用;应装防静电装置的地方，正确安装。

（5）生产场地平整、清洁，无危险建筑及设施；生产的成品、半成品，所用的材料、原料，使用的用具、工具堆放、摆放符合安全要求；无生产中不需使用的易燃易爆及危险物品，如需要使用，应有安全规定及防护措施；光线、照明要符合国家标准，应装置安全防护设施的地方都按标准进行了安装。

（6）禁烟火的生产场所，无火源及烟蒂、火柴棒；动火作业按要求办理动火手续，并制定严格的防护措施；生产场所无生产中不许使用的电炉、煤（汽、柴）油炉和液化气炉，经过批准使用的要有安全规定，并按规定执行。

对非矿山企业，目前国家有关规定要求强制性检查的项目有：锅炉、压力容器、压力管道、高压医用氧舱、起重机、电梯、自动扶梯、施工升降机、简易升降机、防爆电器、厂内机动车辆、客运索道、游艺机及游乐设施等；作业场所的粉尘、噪声、振动、辐射、高温低温、有毒物质的浓度等。

◎事故案例

某建筑施工企业，没有现场安全生产管理人员。该企业在某项工程施工过程中，甲班队长在指挥组装吊塔时，没有严格按规定把塔吊吊臂的防滑板装入燕尾槽中并用螺栓固定，而是用电焊将防滑板焊住。某日，甲班作业过程中发生吊臂防滑板开焊、吊臂折断脱落事故，造成3人死亡，1人重伤。这次事故造成的损失包括：医疗费用（含护理费用）45万元，丧葬及抚恤等费用60万元，处理事故和现场抢救费用28万元，设备损失200万元，停产损失150万元。

设备安装和管理不到位，是事故发生的直接原因。吊塔安装应该严格按规定进行,不能留下事故隐患;安全检查人员应定期对设备进行安全检查,发现问题及时整改;工人操作设备前应认真检查设备状况,存在严重隐患的设备应停止使用。

三、安全检查的方法

1. 常规检查

常规检查是常见的一种检查方法,通常由安全管理人员作为检查工作的主体,到作业现场,通过感官或辅助一定的简单工具、仪表等,对作业人员的行为、作业场所的环境条件、生产设备设施等进行定性检查。安全检查人员通过这一手段,及时发现现场存在的安全隐患并采取措施予以消除,纠正施工人员的不安全行为。

常规检查完全依靠安全检查人员的经验和能力,检查的结果直接受安全检查人员个人素质的影响。因此,对安全检查人员个人素质的要求较高。

2. 安全检查表法

为使检查工作更加规范,将个人的行为对检查结果的影响减少到最小,常采用预先编制的安全检查表进行检查。

为了系统地发现工厂、车间、工序或机器、设备、装置以及各种操作管理和组织措施中的不安全因素,事先把检查对象加以剖析,把大系统分割成小的系统,查出不安全因素所在,然后确定检查项目,以提问的方式,将检查项目按系统或子系统顺序编制成表,以便进行检查和避免漏检,这种表就是安全检查表。

安全检查表是进行安全检查,发现和查明各种危险和隐患,监督各项安全规章制度的实施,及时发现事故隐患并制止违章行为的一个有力工具。企业在实施安全检查工作时,可以根据国家和行业安全检查标准,并结合本单位的实际情况编制具体、操作性强的安全检查表。

3. 仪器检查法

机器、设备内部的缺陷及作业环境条件的真实信息或定量数据,只能通过仪器检查法进行定量化的检验与测量,才能发现安全隐患,从而为后续整改提供信息。因此,必要时需要实施仪器检查。被检查的对象不同,检查所用的仪器和手段也不同。

四、安全检查表

1. 安全检查表的基本作用

(1) 用于对系统进行安全检查和评价。

(2) 可以对职工进行安全教育与提示。

(3) 用于事故分析和调查。

(4) 可为系统设计人员提出清楚明确的安全要求。

(5) 为系统运行提供安全操作指南。

(6) 为工程设计和验收提供安全审查的可靠依据。

2. 安全检查表的分类

安全检查表根据检查和分析的目的与对象的不同,可分为以下几种类型:

(1) 设计审查、施工验收用的安全检查表。这类安全检查表是从安全的角度,对某项工程设计、工程验收进行安全分析评价的一种表格,其主要内容是厂址选择、平面布置、工艺流程的安全性、安全装置与设施、危险品运输与储存、建筑物与构筑物、运输道路、消防设施等。它可供设计人员和工程验收人员设计和验收时参考,也是"三同时"设计审查、施工验收的依据。

(2) 厂（矿、公司）级用安全检查表。这类安全检查表是全厂（矿、公司）进行安全检查、安全分析与评价时采用的检查表。其主要内容包括厂（矿、公司）内各个产品的工艺和装置的安全性、要害部位、主要安全装置与设施、危险物品的储存与使用、有毒有害物质的治理、作业环境、消防通道及设施、操作管理及规章制度的落实、应急措施等。

(3) 车间用安全检查表。这类安全检查表是在车间内进行安全检查、安全分析与评价时用的一种检查表，其主要内容包括车间的设备布置、工艺安全、安全通道、进出口、通风、照明、噪声与振动、应急、消防设施与措施、操作管理、岗位责任制实施等。

(4) 生产工序或岗位的安全检查表。这类检查表是供某一工序或某一岗位进行日常安全检查、工人自查、互查或进行安全教育的一种检查表，主要集中在防止人身及误操作引起的事故方面。其主要内容包括工序或岗位的设备、环境、操作人员等方面的不安全因素。

(5) 专门（项）安全检查表。这类安全检查表是对重点设备、设施、要害部位、特殊工种、专业操作人员进行安全检查时采用的一种检查表，如锅炉、压力容器、起重机具、车辆、配变电装置、炸药库、爆破作业人员、电工、司机等。其内容是设备或装置的不安全因素或隐患的检查，人的不安全行为和管理问题的检查，不安全环境条件的检查。

(6) 事故分析预测用安全检查表。这种检查表是借鉴同类事故的经验教训，根据有关规程、标准等编制，在分析事故时对照检查，找出事故原因。在预测事故时，按检查项目逐条加以控制，防止事故发生。例如，触电死亡事故分析检查表、高空坠落死亡事故预测检查表等。

3. 安全检查表的编制依据

安全检查表应列举需要查明的所有可能会导致事故的不安全因素，其主要编制依据有：

（1）有关标准、规程、规范及规定。

（2）国内外事故案例及本单位在安全管理及生产中的有关经验。

（3）通过系统分析，确定的危险部位及防范措施都是安全检查表的内容。

（4）新知识、新成果、新方法、新技术、新法规和新标准。

4. 安全检查表的基本内容

安全检查表没有固定的格式，可以根据检查的内容和要求有所不同，但一般应有以下几项内容：

（1）序号：根据要求统一编号。

（2）项目名称：如子系统、车间、工段、设备等。

（3）检查内容：在修辞上可用直接陈述句，也可用疑问句。

（4）检查结果：即问题回答栏，可以根据检查内容回答是（"√"）或否（"×"），也可以为打分的形式。

（5）备注栏：可注明建议改进措施或情况反馈等事项。

（6）检查时间和检查者。

为了使检查表进一步具体化，还可根据实际情况和需要增添栏目，如将各检查项目的标准或参考标准列出，或对各个项目的重要程度作出标记等。

表3—1至表3—4是几个安全检查表的示例。

表 3—1　　　　　某动力厂安全检查表

编号	检查项目	检查内容	检查结果	备注
1	劳动用品用具	(1) 操作人员是否按规定穿戴和配备防护用品、用具 (2) 操作时是否按操作规程进行 (3) 所用防护用品、用具是否符合安全要求		
2	现场作业条件	(1) 生产作业场所照明、通风、环境卫生状况是否良好 (2) 作业场地地面是否平整，无杂物、易滑物 (3) 作业场地设备、工具、器材、材料、制品的摆放是否安全整齐，符合定置要求		
3	安全防护措施	(1) 平台、楼梯、沟、坑、井的防护栏杆或盖板是否齐全、稳固 (2) 转动设备的防护装置或围栏、隔网等防护措施是否齐全、可靠 (3) 厂区危险场所和容易发生事故的危险源、设施、设备是否悬挂了安全标志		
…	……	……		

表 3—2　　　　　某车间安全检查表

编号	检查内容	检查标准	检查结果	备注
1	新工人上岗前是否进行过安全教育	考试合格		
2	各班组安全措施执行情况	每周一次		
3	交接班检查是否执行操作牌制度	严格认真		

续表

编号	检查内容	检查标准	检查结果	备注
4	班组生产设备、安全罩、防护罩是否齐全	完好牢固		
5	工具箱是否在规定地点放整齐	分类放齐		
6	电气线路是否有乱搭挂、裸露、漏电	绝缘、线路完整		
…	……	……		

表3—3　　　　金属切削机床指标安全检查表

编号	检查内容	所依据的法规标准	检查结果	备注
1	机床必须具有适应环境的能力,特别是抗高温、耐磨损、防腐蚀等能力	GB 5083—1999		
2	机床的各种受力零部件必须有合理的结构、材料、工艺和安全系数,在规定的使用寿命内和使用条件下不得产生断裂和破碎	GB 5083—1999		
3	选用的材料在规定使用寿命和条件下,必须能承受可能出现的各种物理的、化学的作用	GB 5083—1999		
…	……	……		

表3—4　　　　班组安全检查表

编号	检查内容	检查结果	备注
1	本班组人员是否按规定进行了教育培训		
2	本班组是否执行了交接班制度和安全值日制度		
3	本班组人员是否熟悉本岗位安全操作规程		
…	……		

五、安全检查的程序

安全检查一般包括以下几个步骤。

1. 安全检查准备

(1) 确定检查的对象、目的、任务。

(2) 查阅、掌握有关法规、标准、规程的要求。

(3) 了解检查对象的工艺流程、生产情况、可能出现危险、危害的情况。

(4) 制订检查计划，安排检查内容、方法、步骤。

(5) 编写安全检查表或检查提纲。

(6) 准备必要的检测工具、仪器、书写表格或记录本。

(7) 挑选和训练检查人员并进行必要的分工等。

2. 实施安全检查

实施安全检查就是通过访谈、查阅文件和记录、现场观察、使用仪器测量等方式获取信息的过程。

(1) 访谈。通过与有关人员谈话来查安全意识、查规章制度执行情况等。

(2) 查阅文件和记录。检查设计文件、作业规程、安全措施、责任制度、操作规程等是否齐全，是否有效；查阅相应记录，判断上述文件是否被执行。

(3) 现场观察。对作业现场的生产设备、安全防护设施、作业环境、人员操作等进行观察，寻找不安全因素、事故隐患、事故征兆等。

3. 通过分析作出判断

掌握情况之后，要进行分析、判断和验证。可凭经验、技能进行分析，作出判断，必要时需对所作判断进行验证，以保证得出正确结论。

4. 及时作出决定进行处理

作出判断后，应针对存在的问题作出采取措施的决定，即提出隐患整改意见和要求，包括要求进行信息的反馈。

5. 整改落实

存在隐患的单位必须按照检查组（人员）提出的隐患整改意见和要求落实整改。检查组（人员）对整改落实情况进行复查，获得整改效果的信息。

六、人的不安全行为的检查

一般地说，凡是能够或可能导致事故发生的人为失误均属于不安全行为。《企业职工伤亡事故分类标准》中规定的13大类不安全行为包括：

（1）未经许可，开动、关停、移动机器；开动、关停机器时未给信号，开关未锁紧；忘记关闭设备；忽视警告标志、警告信号；操作错误按钮、阀门、扳手、把柄等；奔跑作业，供料或送料速度过快；机械超速运转；违章驾驶机动车；酒后作业；人货混载；冲压机作业时，手伸进冲压模；工件紧固不牢；用压缩空气吹铁屑。

（2）安全装置被拆除、堵塞，造成安全装置失效。

（3）临时使用不牢固的设施或无安全装置的设备等。

（4）用手代替手动工具，用手清除切屑，不用夹具固定，用手拿工件进行机加工。

（5）成品、半成品、材料、工具、切屑和生产用品等存放不当。

（6）冒险进入危险场所。

(7) 攀、坐在不安全位置。

(8) 在起吊物下作业、停留。

(9) 机器运转时从事加油、修理、检查、调整、焊接、清扫等工作。

(10) 分散注意力行为。

(11) 在必须使用个人防护用品用具的作业或场合中，未按规定使用。

(12) 在有旋转零部件的设备旁作业穿肥大服装；操纵带有旋转零部件的设备时戴手套。

(13) 对易燃易爆等危险物品处理错误。

◎事故案例

2002年5月14日11时15分，某碱厂配料工发现6号上料卷扬机蹲底。值班长孙某通知配料巡检工钟某处理。钟某来到6号卷扬机旁，发现吊斗过顶，在没断电的情况下，钟某调整保护光电开关，导致卷扬机自动反转开启，钟某的手套被缠进锥齿轮中，进而将其右手带进，使其右手小拇指挤掉一截，无名指被挤断，造成其重伤。在调查事故原因的时候了解到，事发之前该车间的操作工曾多次在没有断电的情况下进行过类似的调试。由此可知，这是一起由习惯性违章造成的事故。

这起事故给人们的教训是，企业应设置有效的安全防护设施，提高设备的本质安全水平。同时，对职工要加强安全教育，增强其安全意识，加强安全检查，杜绝职工的不安全行为。

第四节　事故管理与工伤保险

一、事故管理的概念

事故管理是指对事故的处理与预防的一系列管理活动，包括事故的报告、调查、分析、研究、处理、统计、档案管理和预防等。

事故管理是安全管理的一项非常重要的工作，有些工作要求有很高的技术性和严格的政策性。搞好事故管理，对提高企业安全管理水平，防止重复性事故发生，具有非常重要的作用。

事故管理的目的是在对事故调查、分析的基础上，掌握事故的发生过程、原因及规律，寻求有效地防止对策。

搞好事故管理工作，对企业安全生产状况作出客观、准确的评价，实现安全生产目标管理，对企业职工进行实际、生动的安全教育，以及有效地开展事故预测、控制和预防工作，减少和杜绝事故，保障安全生产都具有十分重要的意义。

二、事故的分类

事故的分类方法很多，可按事故的属性、事故类别、伤害程度等进行分类。根据 GB 6441—1986《企业职工伤亡事故分类》，事故可分为 20 类：

（1）物体打击。指物体在重力或其他外力的作用下产生运动，打击人体，造成人身伤亡事故，不包括因机械设备、车辆、起重机械、坍塌等引发的物体打击。

（2）车辆伤害。指企业机动车辆在行驶中引起的人体坠落和物体倒塌、下落、挤压伤亡事故，不包括起重设备提升、牵引车辆和车辆停驶时发生的事故。

(3) 机械伤害。指机械设备运动（静止）部件、工具、加工件直接与人体接触引起的夹击、碰撞、剪切、卷入、绞、碾、割、刺等伤害，不包括车辆、起重机械引起的机械伤害。

(4) 起重伤害。指各种起重作业（包括起重机安装、检修、试验）中发生的挤压、坠落、（吊具、吊重）物体打击和触电。

(5) 触电伤害。电流流经人体，造成生理伤害的事故，包括雷击伤亡事故。

(6) 淹溺。因大量水经口、鼻进入肺内，造成呼吸道阻塞，发生急性缺氧而窒息死亡的事故，包括高处坠落淹溺，不包括矿山、井下透水淹溺。

(7) 灼烫。指火焰烧伤、高温物体烫伤、化学灼伤（酸、碱、盐、有机物引起的体内外灼伤）、物理灼伤（光、放射性物质引起的体内外灼伤），不包括电灼伤和火灾引起的烧伤。

(8) 火灾。指造成人身伤亡的企业火灾事故。

(9) 高空坠落。指在高处作业中发生坠落造成的伤亡事故，不包括触电坠落事故。

(10) 坍塌。指物体在外力或重力作用下，超过自身的强度极限或因结构稳定性破坏而造成的事故，如挖沟时的土石塌方、脚手架坍塌、堆置物倒塌等，不适用于矿山冒顶片帮和车辆、起重机械、爆破引起的坍塌。

(11) 冒顶片帮。这类事故适用于矿山、地下开采、掘进及其他坑道作业发生的坍塌事故。

(12) 透水。矿山、地下开采或其他坑道作业时意外水源带来的伤亡事故，不适用于地面水害事故。

(13) 放炮。施工时由于放炮作业造成的伤亡事故。

(14) 火药爆炸。指火药、炸药及其制品在生产、加工、运输、储存中发生的爆炸事故。

(15) 瓦斯爆炸。可燃性气体瓦斯、煤尘与空气混合形成了浓度达到燃烧极限的混合物，接触点火源而引起的化学性爆炸事故。

(16) 锅炉爆炸。各种锅炉的物理性爆炸事故。

(17) 容器爆炸。盛装气体或液体，承载一定压力的密闭设备发生的爆炸事故。

(18) 其他爆炸。不属于瓦斯爆炸、锅炉爆炸和容器爆炸的爆炸。

(19) 中毒和窒息。中毒指人接触有毒物质，出现的各种生理现象的总称；窒息指因为氧气缺乏，发生的晕倒甚至死亡的事故。

(20) 其他伤害。凡不属于上述伤害的事故均称为其他伤害。

◎相关知识

《生产安全事故报告和调查处理条例》规定，根据生产安全事故（以下简称事故）造成的人员伤亡或者直接经济损失，事故一般分为以下等级：

(1) 特别重大事故。是指造成30人以上死亡，或者100人以上重伤（包括急性工业中毒，下同），或者1亿元以上直接经济损失的事故。

(2) 重大事故。是指造成10人以上30人以下死亡，或者50人以上100人以下重伤，或者5 000万元以上1亿元以下直接经济损失的事故。

(3) 较大事故。是指造成 3 人以上 10 人以下死亡，或者 10 人以上 50 人以下重伤，或者 1 000 万元以上 5 000 万元以下直接经济损失的事故。

(4) 一般事故，是指造成 3 人以下死亡，或者 10 人以下重伤，或者 1 000 万元以下直接经济损失的事故。

该分级所称的"以上"包括本数，所称的"以下"不包括本数。

三、事故发生的原因

导致事故发生的原因可以分为直接原因和间接原因两种。

1. 直接原因

直接导致事故发生的原因，也是在时间上最接近事故发生的原因，因此称为事故的直接原因。事故的直接原因通常分为人的原因和物的原因两类。

(1) 人的原因，是指由人的不安全行为引起的。

(2) 物的原因，是指由物的不安全状态造成的。

2. 间接原因

使事故的直接原因得以产生和存在的原因，称为事故的间接原因。事故的间接原因有以下几种：

(1) 技术和设计上有缺陷，指工业构件、建筑物、机械设备、仪器仪表、工艺过程、操作方法、维修检验等的设计、施工和材料使用存在问题。

(2) 劳动组织不合理。

(3) 教育培训不够、未经培训。

(4) 身体的原因。

(5) 精神的原因。

(6) 管理的原因，包括没有安全操作规程或不健全，对现场工作缺乏检查或指导错误，没有或不认真实施事故防范措施，对事故隐患整改不力等。

◎ 事故案例

2007 年 4 月 18 日，辽宁省铁岭市清河特殊钢有限责任公司生产车间，一个装有约 30 t 钢水的钢包在吊运至铸锭台车上方 2～3 m 高度时，突然发生滑落倾覆，钢包倒向车间交接班室，钢水涌入室内，致使正在交接班室内开班前会的 32 名职工当场死亡，另有 6 名炉前作业人员受伤，其中 2 人重伤。

这起事故的直接原因是：该公司生产车间起重设备不符合国家规定，按照《炼钢安全规程》的规定，起吊钢水包应采用冶金专用的铸造起重机，而该公司却擅自使用一般用途的普通起重机。

事故的间接原因包括：设备日常维护不善，起重机上用于固定钢丝绳的压板螺栓松动；作业现场管理混乱，厂房内设备和材料放置杂乱、作业空间狭窄、人员安全通道不符合要求；违章设置班前会地点，该车间长期在距钢水铸锭点仅 5 m 的真空炉下方小屋内开班前会，钢水包倾覆后造成人员伤亡惨重。

四、物的不安全状态

生产中机械、设备、个人防护用品的不安全状态是事故发生的重要原因，有以下几种情况。

1. 防护、保险、信号等装置缺乏或有缺陷

(1) 无防护。无防护罩，无安全保险装置，无报警装置，无安全标志，无护栏或护栏损坏，（电气）未接地、绝缘不良，局扇无消音

系统、噪声大、危房内作业，未安装防止"跑车"的挡车器或挡车栏等。

（2）防护不当。防护罩未在适当位置，防护装置调整不当，坑道掘进、隧道开凿支撑不当，防爆装置不当，采伐、集材作业安全距离不够，放炮作业隐蔽所有缺陷，电气装置带电部分裸露等。

2. 设备、设施、工具、附件有缺陷

（1）设计不当。结构不合乎安全要求，通道门遮挡视线，制动装置有缺欠，安全间距不够，拦车网有缺欠，工件有锋利毛刺、毛边，设施上有锋利倒棱等。

（2）强度不够。机械强度不够，绝缘强度不够，起吊重物的绳索不合安全要求等。

（3）设备在非正常状态下运行。设备带"病"运转，超负荷运转等。

（4）维修、调整不良。设备失修，地面不平，保养不当，设备失灵等。

3. 个人防护用品用具——防护服、手套、护目镜及面罩、呼吸器官护具、听力护具、安全带、安全帽、安全鞋等缺少或有缺陷

（1）无个人防护用品、用具。

（2）所用的防护用品、用具不符合安全要求。

五、事故调查处理原则

事故调查处理的目的是为了弄清事故情况，从思想、管理和技术等方面查明事故原因，分清事故责任，提出有效改进措施，从中吸取教训，防止类似事故重复发生。事故调查处理的基本原则主要有以下几点：

(1) 实事求是、尊重科学的原则。

(2) "四不放过"原则。即事故原因没有查清楚不放过,事故责任者没有受到处理不放过,职工群众没有受到教育不放过,防范措施没有落实不放过。

(3) 公正、公开的原则。公正,就是实事求是,以事实为依据,以法律为准绳,既不准包庇事故责任人,也不得借机对事故责任人打击报复,更不能冤枉无辜。公开,就是对事故调查处理的结果要在一定范围内公开。

(4) 分级管辖原则。事故的调查处理是按照事故的严重级别来进行的。

六、事故的统计分析

事故统计分析就是运用数理统计方法,对大量的事故资料进行加工、整理和分析,从中揭示出事故发生的某些必然规律,为防止事故指明方向。

事故统计分析是建立在完善的事故调查、登记、建档基础上的,也就是说,依赖于事故资料的完善和齐备。然而,这些完备的事故资料只不过是一件件独立的偶然事件的客观反映,并无规律可言。但是,通过对大量的、偶然发生的事故进行综合分析,就可以从中找出必然的规律和总的趋势,从而达到能对事故进行预测和预防的目的。

事故统计分析是事故管理工作的重要内容。做好该项工作,能及时掌握准确的统计资料,如实反映企业的安全状况和事故发展趋势,为各级领导决策、指导安全生产、制订计划提供依据。

事故统计分析的指标有:千人死亡率、千人重伤率、百万工时伤害率、伤害严重率、伤害平均严重率、百万吨死亡率等。事故统计分析的方法有：事故主次图分析、事故趋势图分析、事故管理图分析等。

七、事故预防应遵循的原则

（1）事故是可以预防的。除自然灾害造成的事故无法采取主动的防范措施，以及某些事故原因在技术上还未有有效控制措施外，其余事故都可以通过消除原因，控制事故发生。因此，通过分析事故发生的原因和过程，研究防止事故发生的理论及对策，是可以防止事故发生，减少损失的。

（2）防患于未然。预防事故的积极有效的办法是防患于未然，即采用"事先型"解决问题的方法，将事故隐患、不安全因素消除在潜伏、孕育阶段，这是防止事故的根本出发点。

（3）根除事故原因。引起事故的原因是多方面的，而原因之间又有其因果关系，事故预防就是要从事故的直接原因着手，分析引起事故的最本质的原因，只有消除这些最根本的原因，才能消除事故的所有原因，才能根除事故。

（4）全面治理。消除事故隐患，根除事故的最基本原因，应遵循全面治理的原则。即在安全技术、安全教育、安全管理等方面，对物的不安全状态（包括护具的不安全条件）、人的不安全行为、管理的不安全因素进行治理和消除，从而达到对事故原因的多方位控制的目的。

八、工伤认定和劳动能力鉴定

1. 工伤认定的范围

《工伤保险条例》对工伤的认定作出了明确规定。

(1) 职工有下列情形之一的，应当认定为工伤：

1) 在工作时间和工作场所内，因工作原因受到事故伤害的。

2) 工作时间前后在工作场所内，从事与工作有关的预备性或者收尾性工作受到事故伤害的。

3) 在工作时间和工作场所内，因履行工作职责受到暴力等意外伤害的。

4) 患职业病的。

5) 因工外出期间，由于工作原因受到伤害或者发生事故下落不明的。

6) 在上下班途中，受到机动车事故伤害的。

7) 法律、行政法规规定应当认定为工伤的其他情形。

(2) 职工有下列情形之一的，视同工伤：

1) 在工作时间和工作岗位，突发疾病死亡或者在 48 h 之内抢救无效死亡的。

2) 在抢险救灾等维护国家利益、公共利益活动中受到伤害的。

3) 职工原在军队服役，因战、因公负伤致残，已取得革命伤残军人证，到用人单位后旧伤复发的。

(3) 职工有下列情形之一的，不得认定为工伤或者视同工伤：

1) 因犯罪或者违反治安管理伤亡的。

2) 醉酒导致伤亡的。

3) 自残或者自杀的。

2. 工伤认定的程序

职工发生事故伤害或者被诊断、鉴定为职业病，所在单位应当自事故伤害发生之日或者被诊断、鉴定为职业病之日起 30 日内，向统筹地区劳动保障行政部门提出工伤认定申请。工伤职工或者直系亲属、工会组织在伤害发生之日或者被诊断、鉴定为职业病之日起1年内，可以直接向用人单位所在地统筹地区劳动保障行政部门提出工伤认定申请。

提出工伤认定申请，应当提交工伤认定申请表、与用人单位存在劳动关系（包括事实劳动关系）的证明材料、医疗诊断证明或者职业病诊断证明（鉴定）书等材料。

劳动保障行政部门应当自受理工伤认定申请之日起60日内作出工伤认定的决定，并书面通知申请工伤认定的职工或者其直系亲属和该职工所在单位。

◎相关案例

吴某原是丽水市某公司工人，在该公司整表车间检油表岗位工作。2005年2月28日，吴某在上班期间见同车间班组的铆上盖岗位人手紧张，直接影响到自己岗位的流程操作，遂前去帮忙。在帮忙过程中，因吴某操作不当，其右手被机器压伤致残。市劳动社会保障局认定其为工伤，但其所属公司不服，向法院提出诉讼。

公司认为，事发当天，吴某未经公司和车间管理人员的指派和许可，擅自到铆上盖岗位开机操作而导致受伤。因其受伤并非在本职岗位上，又未经公司临时指派，故不符合工伤认定条件。而市劳动社会保障局认为，吴某在上班时间、工伤场所，因工作原因受伤，且不属于蓄意违章等排除工伤认定的情形，符合工伤认定条件。

法院经审理认定，吴某虽然不是在本岗位工作时受伤，但协助其他岗位仍然属于工作原因，符合工伤认定的3个基本要素，即在工作时间、工作区域和因工作原因致伤。故法院判决，维持市劳动社会保障局对吴某的工伤认定。

3. 劳动能力鉴定

职工发生工伤，经治疗伤情相对稳定后存在残疾、影响劳动能力的，应当进行劳动能力鉴定。

劳动能力鉴定是指劳动功能障碍程度和生活自理障碍程度的等级鉴定。劳动功能障碍分为 10 个伤残等级，最重的为一级，最轻的为十级。生活自理障碍分为 3 个等级：生活完全不能自理、生活大部分不能自理和生活部分不能自理。

劳动能力鉴定由用人单位、工伤职工或者其直系亲属向设区的市级劳动能力鉴定委员会提出申请，并提供工伤认定决定和职工工伤医疗的有关资料。设区的市级劳动能力鉴定委员会应当自收到劳动能力鉴定申请之日起 60 日内作出劳动能力鉴定结论，必要时，作出劳动能力鉴定结论的期限可以延长 30 日。劳动能力鉴定结论应当及时送达申请鉴定的单位和个人。自劳动能力鉴定结论作出之日起 1 年后，工伤职工或者其直系亲属、所在单位或者经办机构认为伤残情况发生变化的，可以申请劳动能力复查鉴定。

九、工伤保险待遇

职工因工作遭受事故伤害或者患职业病进行治疗，享受工伤医疗待遇。职工治疗工伤应当在签订服务协议的医疗机构就医，情况紧急时可以先到就近的医疗机构急救。

治疗工伤所需费用符合工伤保险诊疗项目目录、工伤保险药品目录、工伤保险住院服务标准的，从工伤保险基金支付。职工住院治疗工伤的，由所在单位按照本单位因公出差伙食补助标准的 70% 发给住院伙食补助费；经医疗机构出具证明，报经办机构同意，工伤职工到统筹地区以外就医的，所需交通、食宿费用由所在单位按照本单位职工因公出差标准报销。工伤职工到签订服务协议的医疗机构进行康复性治疗的费用，符合《工伤保险条例》第二十九条第三款规定的，从工伤保险基金支付。

工伤职工因日常生活或者就业需要，经劳动能力鉴定委员会确认，可以安装假肢、矫形器、假眼、假牙和配置轮椅等辅助器具，所需费用按照国家规定的标准从工伤保险基金支付。职工因工作遭受事故伤害或者患职业病需要暂停工作接受工伤医疗的，在停工留薪期内，原工资福利待遇不变，由所在单位按月支付。

第五节　劳动防护用品管理

一、劳动防护用品的作用

劳动防护用品是指保护劳动者在生产过程中的人身安全与健康所必备的一种防御性装备，对于保障从业人员人身安全与减少职业危害起着相当重要的作用。

劳动防护用品供劳动者个人随身使用，是保护劳动者不受职业危害的最后一道防线。当劳动安全卫生技术措施还不能消除生产劳动过程中的危险及有害因素，达不到国家标准、行业标准及有关规定，也暂时无法进行技术改造时，使用防护用品就成为既能完成生产劳动任务，又能保障劳动者安全与健康的唯一手段。

防护用品的主要作用是：

（1）隔离和屏蔽作用。隔离和屏蔽作用是指使用一定的隔离或屏蔽体使肌体免受到有害因素的侵害。如劳动防护用品能很好地隔绝外界的某些刺激，避免皮肤发生皮炎等病态反应。

（2）过滤和吸附（收）作用。过滤和吸附（收）作用是指借助防护用品中某些聚合物本身的活性基团对毒物的吸附作用来洗涤空气，如用活性炭等多孔物质吸附毒物进行排毒。

二、劳动防护用品的分类

劳动防护用品的种类很多，主要有3种分类方法。

1. 根据劳动防护用品防护性能分类

根据劳动防护用品的防护性能，劳动防护用品分为特种劳动防护用品和一般劳动防护用品两大类。

（1）特种劳动防护用品。特种劳动防护用品目录由国家安全生产监督管理总局确定并公布。根据《特种劳动防护用品安全标志实施细则》，特种劳动防护用品分为头部护具类、呼吸护具类、眼（面）护具类、防护服类、防护鞋类、防坠落护具类6大类。

（2）一般劳动防护用品。未列入特种劳动防护用品目录的劳动防护用品为一般劳动防护用品，如一般的工作服、手套等。

2. 根据劳动防护用品防护部位分类

（1）头部防护用品。主要有一般防护帽、防尘帽、防水帽、防寒帽、安全帽、防静电帽、防高温帽、防电磁辐射帽、防昆虫帽等。

（2）呼吸器官防护用品。按防护功能来分，主要分为防尘口罩和防毒口罩（面罩）两大类；按形式来分，又可分为过滤式和隔离式两大类。

（3）眼面部防护用品。主要有防尘、防水、防冲击、防高温、防电磁辐射、防射线、防化学飞溅、防风沙、防强光等护具。

（4）听觉器官防护用品。主要有耳塞、耳罩和防噪声头盔。

(5) 手部防护用品。主要有一般防护手套、防水手套、防寒手套、防毒手套、防静电手套、防高温手套、防 X 射线手套、防酸碱手套、防油手套、防振手套、防切割手套、绝缘手套。

(6) 足部防护用品。主要有防尘鞋、防水鞋、防寒鞋、防静电鞋、防酸碱鞋、防油鞋、防烫脚鞋、防滑鞋、防刺穿鞋、电绝缘鞋、防振鞋等。

(7) 躯干防护用品。主要有一般防护服、防水服、防寒服、防砸背心、防毒服、阻燃服、防静电服、防高温服、防电磁辐射服、耐酸碱服、防油服、水上救生衣、防昆虫服、防风沙服等。

(8) 护肤用品。主要有防毒、防腐、防射线、防油漆等不同功能的护肤用品。

3. 根据劳动防护用品用途分类

根据劳动防护用品防止伤亡事故的用途来分,可分为:防坠落用品、防冲击用品、防触电用品、防机械外伤用品、耐酸碱用品、耐油用品、防水用品、防寒用品。

根据劳动防护用品预防职业病的用途来分,可分为:防尘用品、防毒用品、防噪声用品、防振动用品、防辐射用品、防高温低温用品等。

三、劳动防护用品的配备要求

2000 年,原国家经贸委颁布了《劳动防护用品配备标准(试行)》,规定了国家工种分类目录中的 116 个典型工种的劳动防护用品配备标准。

(1) 用人单位应根据工作场所中的职业危害因素及其危害程度,按照法律、法规、标准的规定,为从业人员免费提供符合国家规定的劳动防护用品。不得以货币或其他物品替代应当配备的劳动防护用品。

（2）用人单位应到指定经营单位或生产企业购买特种劳动防护用品。特种劳动防护用品必须具有"三证"和"一标志"，即生产许可证、产品合格证、安全鉴定证和安全标志。购买的特种劳动防护用品须经本单位安全管理部门验收，并应按照特种劳动防护用品的使用要求，在使用前对其防护功能进行必要的检查。

（3）用人单位应教育从业人员正确使用劳动防护用品，使职工做到"三会"：会检查劳动防护用品的可靠性，会正确使用劳动防护用品，会正确维护保养劳动防护用品。用人单位应定期进行监督检查。

（4）用人单位应按照产品说明书的要求，及时更换、报废过期和失效的劳动防护用品。

（5）用人单位应建立健全劳动防护用品的购买、验收、保管、发放、使用、更换、报废等管理制度和使用档案，并进行必要的监督检查。

四、劳动防护用品的正确使用

在工作场所必须按照要求佩戴和使用劳动防护用品。劳动防护用品是根据生产工作的实际需要发给个人的，每个职工在生产工作中都要好好地应用它，以达到预防事故、保障个人安全的目的。使用劳动防护用品要注意的问题有：

（1）所使用的劳动防护用品必须经国家批准的正规厂家生产，产品符合国家标准、行业标准或地方标准。

（2）劳动防护用品使用前应做外观检查，包括检查外观有无缺陷或损坏,各部件组装是否严密,启动是否灵活等。

(3) 选择防护用品应针对防护目的,正确选择符合要求的用品,决不能选错或将就使用,以免发生事故。

(4) 对使用防护用品的人员应进行教育和培训,使其能充分了解使用目的和意义,并严格按照使用说明书正确使用。对于结构和使用方法较为复杂的用品,如呼吸防护器,应进行反复训练,使人员能熟练使用。用于紧急救灾的呼吸器,要定期严格检验,并妥善存放在可能发生事故的地点附近,方便取用。

(5) 做好劳动防护用品的维护保养,这样不但能延长其使用期限,更重要的是能保证防护用品的防护效果。耳塞、口罩、面罩等用后应用肥皂、清水洗净,并用药液消毒、晾干。过滤式呼吸防护器的滤料要定期更换,以防失效。防止皮肤污染的工作服用后应集中清洗。

◎ **事故案例**

2000年夏,安徽省某铁路货运场的3名装卸工在卸载危险化学品硫酸。按正常程序,他们先将槽车的上出料管与输送管法兰连接好,并对槽内加压。当压力达到要求后,硫酸仍没流出。随后他们采取放气减压的办法打开槽口大盖并进行检查,发现槽内出料管堵塞。于是3人将法兰拆开,用钢管插入出料管进行疏通。当出料管被捣通时,管内喷出的白色泡沫状液体高达3 m多,溅到站在槽上的3人身上及面部。由于3人均没戴防护面罩,当时3人眼前一片漆黑,眼睛疼痛难忍,经用水清洗后送往医院,检查为碱伤害。经半年多的治疗,3人视力均低于4.3(0.2)不等,且泪腺受损。

五、安全色和安全标志

我国《安全色》标准规定红、黄、蓝、绿四种颜色为安全色。红色表示禁止、停止；黄色表示警告、注意；蓝色表示指令及必须遵守的规定；绿色表示安全、提示。

安全标志是由安全色、几何图形和图形符号构成的，是用来表达特定安全信息的标记，分为禁止标志、警告标志、指令标志和提示标志四类。

禁止标志的含义是禁止人们的不安全行为。例如，

禁止吸烟

禁止跨越

禁止饮用

警告标志的含义是提醒人们对周围环境引起注意，以避免可能发生的危险。例如，

注意安全

当心火灾

当心触电

指令标志的含义是强制人们必须作出某种动作或采取防范措施。例如，

必须戴防尘口罩

必须戴安全帽

必须系安全带

提示标志的含义是向人们提供某种信息（如标明安全设施或场所等）。例如，

紧急出口

避难处

可动火区

◎相关知识

安全标志一般设在醒目的地方，使人们看到后有足够的时间来注意它所表示的内容。不能设在门、窗、架子等可移动的物体上，因为这些物体在位置移动后，安全标志就起不到作用了。

六、安全帽的正确佩戴

（1）首先检查安全帽的外壳是否破损（如有破损，其分解和削弱外来冲击力的性能就已减弱或丧失，不可再用），有无合格帽衬（帽衬的作用是吸收和缓解冲击力，若无帽衬，则丧失了保护头部的功能），帽带是否完好。

（2）调整好帽衬顶端与帽壳内顶的间距（4～5 cm），调整好帽箍。

（3）安全帽必须戴正。如果戴歪了，一旦受到打击，就起不到减轻对头部冲击的作用。

（4）必须系紧下颌带，戴好安全帽。如果不系紧下颌带，一旦发生构件坠落打击事故，安全帽就容易掉下来，导致严重后果。

现场作业中，切记不得将安全帽脱下搁置一旁，或当坐垫使用。

◎ 事故案例

某世纪广场工程,工人在桩内作业,同时有建筑施工单位交叉作业。塔吊在运送砖时,从吊篮中掉出一块方砖,恰好掉入井内,砖角击中井内作业人员的后脑部,但当时没有人发现,后在检查施工作业情况时发现人员受伤。

原因分析:交叉作业,安全管理不到位。桩口未设人监护,出事后也未能及时发现。工人安全意识淡薄,由于正值夏季施工,天气炎热,施工工人未佩戴安全帽,未能有效防止伤害。

第4章 安全生产技术知识

第一节 冶金生产危险因素及事故特点

冶金生产过程既有冶金工艺所决定的高热能、高势能的危害，又有化工生产所具有的有毒有害、易燃易爆和高温高压危险。同时，还有机具、车辆和高处坠落等伤害，特别是冶金生产中易发生的钢水和铁水喷溅爆炸、煤气中毒或燃烧、爆炸等事故，其危害程度极为严重。此外，冶金生产的主体工艺和设备对辅助系统的依赖程度很高，如突然停电等可能造成铁水、钢水在炉内凝固，煤气网管压力突然骤降等而引发重大事故。因此，冶金工厂的危险源具有危险因素复杂、相互影响大、波及范围广、伤害严重等特点。

一、烧结、焦化、耐火材料生产的主要危险源及事故特点

1. 烧结

烧结生产过程中存在的危险源主要有：高温危害、粉尘危害、高速机械转动伤害、有毒有害气体及物质流危害、高处作业危险、作业环境复杂等。导致烧结事故发生的原因主要是设备设施缺陷、技术与工艺缺陷、防护装置缺陷、作业环境差、规章制度不完善和违章作业等。事故类别为：机械伤害、高处坠落、物体打击、起重伤害、灼

烫、触电、中毒以及肺尘埃沉着病（旧称尘肺）等职业病。

2. 焦化

焦化生产过程中存在的主要危险源有：粉尘危害、有毒有害及易燃易爆气体和物质流伤害、火灾爆炸伤害、高温和噪声危害等。事故的类别为：火灾、爆炸、机械伤害、中毒、灼烫事故等。根据冶金行业焦化厂事故原因分析可知，导致事故发生的主要原因有：违章作业和操作失误、安全技术知识缺乏和安全操作技术不熟练、技术和设计缺陷、设备设施和工具缺陷。

3. 耐火材料

耐火材料生产过程中存在的主要危险源有：冲压成型设备及其操作危害，高温炉窑及作业的危害，回转往复运动机械的伤害，高温、高粉尘危害等。事故的类别为：物体打击、机械伤害、车辆伤害、起重伤害、灼烫、高处坠落等。导致事故发生的主要原因是：违章操作或误操作，劳动组织不合理，现场缺乏检查指导，技术和设计缺陷，缺乏安全技术知识，设备安全防护装置存在缺陷或失效等。

二、炼铁生产的主要危险源及主要事故类别和原因

炼铁生产工艺设备复杂，作业种类多，作业环境差，劳动强度大。炼铁生产过程中存在的主要危险源有：烟尘、噪声、高温辐射、铁水和熔渣喷溅与爆炸、高炉煤气中毒、高炉煤气燃烧爆炸、煤粉爆炸、机具及车辆伤害、高处作业危险等。

炼铁生产中的主要事故类别为：灼烫、机具伤害、车辆伤害、物体打击、煤气中毒和各类爆炸等事故。此外，触电、高处坠落事故以及肺尘埃沉着病、硅沉着病（旧称矽肺）和慢性一氧化碳中毒等职业病也经常发生。导致事故发生的主要原因为：人为因素、管理原因和

物质原因三个方面。人为原因中主要是违章作业,其次是误操作和身体疲劳。管理原因中最主要的是不懂或不熟悉操作技术,劳动组织不合理;其次是现场缺乏检查指导,安全规程不健全,以及技术和设计上的缺陷。物质原因中主要是设施(备)工具缺陷,个体防护用品缺乏或有缺陷;其次是防护保险装置有缺陷和作业环境条件差。

三、炼钢生产过程中存在的主要危险源及主要事故类别和原因

炼钢生产中高温作业线长,设备和作业种类多,起重作业和运输作业频繁,主要危险源有:高温辐射、钢水和熔渣喷溅与爆炸、氧枪回火燃烧爆炸、煤气中毒、车辆伤害、起重伤害、机具伤害、高处坠落伤害等。

炼钢生产的主要事故类别有:氧气回火、钢水和熔渣喷溅等引起的灼烫和爆炸,起重伤害,车辆伤害,机具伤害,物体打击,高处坠落,以及触电和煤气中毒事故。统计表明,炼钢生产安全事故的主要原因有:人为的违章作业和误操作,作业环境条件不良,设备有缺陷,操作技术不熟悉,作业现场缺乏督促检查和指导,安全规程不健全或执行不严格,个体防护措施和用品有缺陷或缺乏等。

四、轧钢生产过程中存在的主要危险源及主要事故类别和原因

轧钢生产主要由加热、轧制和精整这三个主要工序组成,生产过程中工艺、设备复杂,作业频繁,作业环境温度高,噪声和烟雾大。主要危险源有:高温加热设备,高温物流,高速运转的机械设备,煤气氧气等易燃易爆和有毒有害气体,有毒有害化学制剂,电气和液压设施,能源、起重运输设备,以及作业、高温、噪声和烟雾影响等。

轧钢生产过程中的安全事故在整个冶金行业中较为严重,高于全行业的平均水平,事故的主要类别为:机械伤害、物体打击、起重伤害、灼烫、高处坠落、触电和爆炸等。事故的主要原因为：违章操作和误操作，技术设备缺陷和防护装置缺陷，安全技术和操作技术不熟悉，作业环境条件缺陷，以及安全规章制度执行不严格等。

五、有色金属冶炼生产的主要危险源及主要事故类别和原因

有色金属冶炼生产包括铜、铅、锌、铝和其他稀有金属和贵重金属的冶炼和加工，其生产过程具有设备、工艺复杂，设备设施、工序工种量多面广，交叉作业，频繁作业，危险因素多等特点。主要危险源有：高温，噪声，烟尘危害，有毒有害、易燃易爆气体和其他物质中毒、燃烧及爆炸危险，各种炉窑的运行和操作危险，高能高压设备的运行和操作危险，高处作业危险，复杂环境作业危险等。

有色金属冶炼生产的主要事故类别有：机械伤害，车辆伤害，起重伤害，高温及化学品导致的灼烫伤害，有毒有害气体和化学品引起的中毒和窒息，可燃气体导致的火灾和爆炸，高处坠落事故等。根据对以往事故的统计分析，有色金属冶炼生产安全事故的主要原因是：违章作业和不熟悉、不懂安全操作技术，工艺设备缺陷和技术设计缺陷，防护装置失效或缺陷，现场缺乏检查和指导，安全规章制度不完善或执行不严，作业环境条件不良等。

◎**相关知识**

黄金冶炼生产过程中存在的主要危险源有：高温、噪声、烟尘危害，氰化物和汞中毒，易燃易爆气体和其他物质中毒，燃烧及爆炸危险，高能高压设备的运行和操作危险，高处作业危险，复杂环境作业危险等。主要事故类别有：机械伤害，车辆伤害，起重伤害，高温及化学品导致的灼烫伤害，有毒有害气体和化学品引起的中毒和窒息，可燃气体导致的火灾和爆炸，以及高处坠落事故等。事故的主要原因有：违章操作或误操作，设备（施）及防护装置自身缺陷，安全技术知识缺乏，现场缺乏检查指导，监护措施、监护装置与个体防护用品缺乏或有缺陷，事故预防与救护措施不完善等。

六、煤气、氧气生产过程中存在的主要危险源及事故类别和原因

1. 煤气生产过程中存在的主要危险及事故类别和原因

冶金生产中大量产生和使用煤气的有：高炉煤气，焦炉煤气，转炉煤气，发生炉煤气和铁合金煤气。各种煤气的组成成分及所占百分比各不相同，主要成分为一氧化碳、氢气、甲烷、氮气、二氧化碳等。煤气是冶金生产中主要的危险源之一，其主要危害是腐蚀、毒害、燃烧和爆炸。煤气事故的主要类别有：急性中毒和窒息事故，燃烧引起的火灾和灼烫事故，爆炸形成的爆炸伤害和破坏事故。冶金生产过程中导致煤气事故发生的主要原因分别是：违章操作或误操作，设备（施）及防护装置的自身缺陷，安全技术知识缺乏，现场缺乏检查指导和监护措施，监护装置与个体防护用品缺乏或有缺陷，以及事故预防与急救护措施不完善等。

2. 氧气生产过程中存在的主要危险源及事故类别和原因

冶金生产过程中大量使用氧气。氧气易助燃，几乎与一切可燃物都可进行燃烧，与其他可燃气体按一定的比例混合后极易发生爆炸，其主要危险是易燃烧和易爆炸。氧气燃烧时通常温度很高，火势很猛，灾害严重，氧气燃烧导致的灼烫和烧伤事故往往烧伤面积大、深度深，难以治愈。氧气爆炸时通常强度很大、很猛烈，冲击性、破坏性和毁灭性极强。冶金生产过程中导致氧气事故发生的原因主要是氧气燃烧或助燃造成的火灾、烧伤事故和氧气爆炸形成的爆炸事故，其伤害和破坏程度都很严重。分析统计表明，冶金生产中引发氧气事故的主要原因是：人为的违章操作和误操作，设备设施装置的缺陷，缺乏安全技术知识和操作不熟练等。

第二节　金属冶炼安全技术

一、烧结安全生产技术

1. 生产特点

烧结是把含铁废弃物与精矿粉烧结成块用做炼铁的原料。其工艺过程是：按炼铁的要求，将细粒含铁原料与熔剂和燃料进行配料，经造球、点火、燃烧，所得成品在经过破碎、筛分、冷却、整粒后运往炼铁厂。

2. 烧结生产安全技术及事故预防措施

（1）铁精矿运输。铁精矿是烧结生产的主要原料，在选矿厂生产过程中，常夹杂着大块和其他杂物，在胶带运输中经常发生堵塞、撕裂传动带，甚至发生进入配料圆盘使排料口堵塞事故，处理时易发生人身伤害事故。

为避免以上事故，胶带机的各种安全设施要齐全，保证灵活、可靠，并应实现自动化控制。

（2）由于工艺的需要，在烧结配料中还应加入富矿粉、钢渣等，以提高烧结矿的质量和产量。高炉瓦斯灰、转炉炉尘用干法处理。

（3）生石灰的处理。生石灰进场时不应含水，一般采用密闭式运输。否则，遇水局部熟化，以致喷出伤人，在配水时也不能加水过多。

（4）燃料细碎，要求来料不得夹有大块，设专人在给料胶带上挑大块,并设有吸铁器,挑出废钢铁。

3. 主要设备存在的不安全因素及防护措施

(1) 抽风机。抽风机能否正常运行直接关系着烧结矿的质量。抽风机存在的不安全因素是转子不平衡运动中发生振动的问题。针对这一问题,在更换新的叶轮前应当对其做平衡试验;提高除尘效率,改善风机工作条件;适当加长、加粗集气管,使废气及粉尘在管中流速减慢,增大灰尘沉降的比率。同时,加强二级除尘器的检修和维护。

(2) 带式烧结机。带式烧结机存在的不安全因素是烧结机的机体又大、又长,生产与检修工人会因联系失误而造成事故。随着烧结机长度的增加,台车跑偏现象也很严重;受高温的变化,易产生过热"塌腰"现象。所以应当为烧结机的开、停设置必要的联系信号,并设立一定的保护装置。

(3) 翻车机。由于翻车机联络工和司机联系失误,车皮未能对正站台车即行翻车,会发生站台车及旋转骨架撞坏事故;工人处理事故时易发生挤手、砸脚事故。

4. 除尘与噪声防治

(1) 烧结厂防尘。烧结过程中产生大量的粉尘、废气、废水,其中含有硫、铝、锌、氟、钒、钛、一氧化碳、二氧化硅等有害成分,严重地污染环境。因此,应抽风除尘。烧结机一般采用两级抽风除尘:第一级集尘管集尘和第二级除尘器除尘。大型烧结厂多用多管式,而中小型烧结厂除了用多管式外,还常用旋风式除尘器。

(2) 烧结厂的噪声防治。烧结厂的噪声主要来源于高速运转的设备。这些设备主要有主风机、冷风机、通风除尘机、振动筛、锤式破碎机、四辊破碎机等。对噪声的防治,应当采用改善和控制设备本身产生噪声的做法，即采用合乎声学要求的吸、隔声与抗振结构的最佳设备设计，选用优质的材料，提高制造质量，对于超过单机噪声允许标准的设备则需要进行综合治理。

二、焦化安全生产技术

1. 生产特点

焦化厂一般由备煤、炼焦、回收、精苯、焦油、其他化学精制、化验和修理等车间组成。其中化验和修理车间为辅助生产车间。

备煤车间的任务是为炼焦车间及时供应合乎质量要求的配合煤。炼焦车间是焦化厂的主体车间。炼焦车间的生产流程是：装煤车从储煤塔取煤后，运送到已推空的碳化室上部，将煤装入碳化室，煤经高温干馏变成焦炭，并放出荒煤气由管道输往固收车间；用推焦机将焦炭从碳化室推出，经过拦焦车后落入熄焦车内送往熄焦塔熄焦；之后，从熄焦车卸入凉焦台，蒸发掉多余的水分和进一步降温，再经输送带送往筛焦炉分成各级焦炭。回收车间负责抽吸、冷却及吸收回收炼焦炉发生的荒煤气中的各种初级产品。

2. 焦化安全生产技术及事故预防措施

（1）防火防爆。一切防火防爆措施都是为了防止生产可燃（爆炸）性混合物或防止产生和隔离足够强度的活化能，以避免激发可燃性混合物发生燃烧、爆炸。为此，必须弄清可燃（爆炸）性混合物和活化能是如何产生的，以及防止其产生和互相接近的措施。

有些可燃（爆炸）性混合物的形成是难以避免的，如易燃液体储槽上部空间就存在可燃（爆炸）性混合物。因此，在充装物料前，往储槽内先充惰性气体，排出蒸汽后才可避免上述现象发生。此外，选用浮顶式储槽也可以避免产生可燃（爆炸）性混合物。

(2) 泄漏。泄漏是常见的产生可燃（爆炸）性混合物的原因。可燃气体、易燃液体和温度超过闪点的液体的泄漏，都会在漏出的区域或漏出的液面上产生可燃（爆炸）性混合物。造成泄漏的原因主要有两个：

1) 设备、容器和管道本身存在漏洞或裂缝。有的是设备制造质量差，有的是长期失修、腐蚀造成的。所以，凡是加工、处理、生产或储存可燃气体、易燃液体或温度超过闪点的可燃液体的设备、储槽及管道，在投入使用之前必须经过验收合格。在使用过程中要定期检查其严密性和腐蚀情况。焦化厂的许多物料因含有腐蚀性介质，应特别注意设备的防腐处理，或采用防腐蚀的材料制造。

2) 操作不当。相对地说，这类原因造成的泄漏事故比设备本身缺陷造成的泄漏事故要多些。由于疏忽或操作错误造成的跑油、跑气事故很多，要预防这类事故的发生，除要求严格按标准化作业外，还必须采取防溢流措施。《焦化安全规程》规定，易燃、可燃液体储槽区应设防火堤，防火堤内的容积不得小于储槽地上部分总储量的一半，且不得小于最大储槽的地上部分的储量。防火堤内的下水道通过防火堤处应设闸门。此闸门只有在放水时才打开，放完水即应关闭。

预防泄漏的措施有：对可能泄漏或产生含油废水的生产装置周围应设围堰，焦化厂车间下水道应设水封井、隔油池等。

(3) 放散。焦化厂许多设备都设有放散管，加工处理或储存易燃、可燃物料的设备或储槽，放散管放散的气（汽）体有的本身就是可燃（爆炸）性混合物，或放出后与空气混合成为可燃（爆炸）性混合物。《焦化安全规程》规定，各放散管应按所放散的气体、蒸汽种类分别集中净化处理后方可放散。放散有毒、可燃气体的放散管出口应高出本设备及邻近建筑物 4 m 以上。可燃气体排出口应设阻火器。

（4）防尘与防毒。煤尘主要产生在煤的装卸、运输以及破碎粉碎等过程中，主要产尘点为煤场、翻车机、受煤坑、输送带、转运站以及破碎、粉碎机等处。一般煤场采用喷洒覆盖剂或在装运过程中采取喷水等措施来降低粉尘的浓度。输送带及转运站主要依靠安设输送带通廊、局部或整体密闭防尘罩等来隔离和捕集煤尘。

破碎及粉碎设备等产尘点应加强密闭吸风，设置布袋除尘、湿式除尘、通风集尘等装置来降低煤尘浓度。

在焦化厂，一氧化碳存在于煤气中，特别是焦炉加热用的高炉煤气中的一氧化碳含量在 30% 左右。焦炉的地下室、烟道通廊煤气设备多，阀门启闭频繁，极易泄漏煤气。所以，必须对煤气设备定期进行检查，及时维护，烟道通廊的贫煤气阀应保证其处于负压状态。

为了防止硫化氢、氰化氢中毒，焦化厂应当设置脱硫、脱氰工艺设施，蒸氨系统的放散管应设在有人操作的下风侧。

三、耐火材料安全生产技术

1. 生产特点

不同的耐火制品使用的原材料及生产时发生的物理化学反应虽不同，但生产工序和加工方法，如原料煅烧、破碎、粉碎、细磨、配料、混料、成型、干燥和烧成等基本一致。耐火材料生产所用的设备比较笨重，机械化程度低，劳动强度大，环境条件差，生产中易发生事故。另外，耐火材料生产工艺中的各个环节都可能产生大量含有较多游离二氧化硅的粉尘，严重地危害着人的身体健康。

2. 耐火材料安全生产技术及事故预防措施

（1）主体设备运行的安全。运行时应注意以下几点：检查轴承润滑情况,检查轴承内及衬板的连接处是否有足够而适量的润脂;检查所有的紧固件是否安全紧固;检查传动胶带,若有破损应及时更换,胶带轮有油污时,应用干净的抹布将其擦净;检查防护装置是否良好,发现有不安全的现象时应即行消除;检查破碎腔内有无矿石及杂物并清除掉,待正常运行后方可喂料;正常启动后若发现有不正常情况,应立即停机检查处理;在设备运行时,严禁从上面朝机器内窥视、进行任何调整、清理或检查等工作,也严禁用手在进料口上和破碎腔内搬运、移动矿石;停机前,应首先停止加料,待破碎腔内破碎物料完全排出后,方可断开电源开关。

(2) 防尘措施。耐火厂的各个工艺环节可以说无处不产尘。经验证明,采取"水、密、风、护、革、管、教、查"八字方针是有效、正确的。

(3) 安全技术措施。改进工艺,提高机械化、自动化程度;安装安全设施和标志,并定期检查;坚决贯彻执行有关安全生产的政策和法规;加强劳动保护,定期对职工进行身体检查。

四、炼铁生产安全技术

1. 炼铁安全生产的主要特点

炼铁是将铁矿石或烧结球团矿、锰矿石、石灰石和焦炭按一定比例予以混匀送至料仓,然后再送至高炉,从高炉下部吹入1 000℃左右的热风,使焦炭燃烧产生大量的高温还原气体煤气,从而加热炉料并使其发生化学反应。在1 100℃左右铁矿石开始软化,在1 400℃熔化形成铁水与液体渣,分层存于炉缸。之后,进行出铁、出渣作业。

炼铁生产所需的原料、燃料,生产的产品与副产品的性质,以及生产的环境条件,给炼铁人员带来了一系列潜在的职业危害。例如,在矿石与焦炭运输、装卸、破碎与筛分、烧结矿整粒与筛分过程中，都会产生大量的粉尘；在高炉炉前出铁场，设备、设施、管道布置密集，作业种类多，人员较集中，危险有害因素最为集中，如炉前作业的高温辐射，出铁、出渣会产生大量的烟尘，铁水、熔渣遇水会发生爆炸；开铁口机、起重机造成的伤害等；炼铁厂煤气泄漏可致人中毒，高炉煤气与空气混合可发生爆炸，其爆炸威力很大；喷吹烟煤粉可发生粉尘爆炸。另外，还有炼铁区的噪声，以及机具、车辆的伤害等。如此众多的危险因素威胁着生产人员的生命安全和身体健康。

2. 炼铁生产的主要安全技术

(1) 高炉装料系统安全技术。装料系统是按高炉冶炼要求的料坯，持续不断地给高炉冶炼。装料系统包括原料、燃料的运入、储存、放料、输送以及炉顶装料等环节。装料系统应尽可能地减少装卸与运输环节，提高机械化、自动化水平，使之安全地运行。

1) 运入、储存与放料系统。大中型高炉的原料和燃料大多数采用胶带机运输，比火车运输易于自动化和治理粉尘。储矿槽未铺设隔栅或隔栅不全，周围没有栏杆，人行走时有掉入槽的危险；料槽形状不当，存有死角，需要人工清理；内衬磨损，进行维修时的劳动条件差；料闸门失灵常用人工捅料，如料突然崩落往往造成伤害。放料时的粉尘浓度很大，尤其是采用胶带机加振动筛筛分料时，作业环境更差。因此，储矿槽的结构应是永久性的、十分坚固的。各个槽的形状应该做到自动顺利下料，槽的倾角不应该小于50°，以消除人工捅料的现象。金属矿槽应安装振动器。钢筋混凝土结构，内壁应铺设耐磨衬板；存放热烧结矿的内衬板应是耐热的。矿槽上必须设置隔栅，周围设栏杆，并保持完好。料槽应设料位指示器，卸料口应选用开关灵活的阀门,最好采用液压闸门。对于放料系统,应采用完全封闭的除尘设施。

2) 原料输送系统。大多数高炉采用料车斜桥上料法,料车必须设有两个相对方向的出入口,并设有防水防尘措施。一侧应设有符合要求的通往炉顶的人行梯。卸料口卸料方向必须与胶带机的运转方向一致,机上应设有防跑偏、打滑装置。胶带机在运转时容易伤人,所以必须在停机后方可进行检修、加油和清扫工作。

3) 顶炉装料系统。通常采用钟式向高炉装料。钟式装料以大钟为中心,有大钟、料斗、大小钟开闭驱动设备、探尺、旋转布料等装置组成。采用高压操作必须设置均压排压装置。做好各装置之间的密封,特别是高压操作时,密封不良不仅使装置的部件受到煤气冲刷,缩短使用寿命,甚至会出现大钟掉到炉内的事故。料钟的开闭必须遵守安全程序。为此,有关设备之间必须连锁,以防止人为的失误。

(2) 供水与供电安全技术。高炉是连续生产的高温冶炼炉,不允许发生中途停水、停电事故。特别是大中型高炉必须采取可靠的措施,保证安全供电、供水。

1) 供水系统安全技术。高炉炉体、风口、炉底、外壳、水渣等必须连续给水,一旦中断便会烧坏冷却设备,发生停产的重大事故。为了安全供水,大中型高炉应采取以下措施:供水系统设有一定数量的备用泵;所有泵站均设有两路电源;设置供水的水塔,以保证柴油泵启动时供水;设置回水槽,保证在没有外部供水情况下维持循环供水;在炉体、风口供水管上设连续式过滤器;供、排水采用钢管,以防破裂。

2) 供电安全技术。不能停电的仪器设备,万一发生停电时,应考虑人身及设备安全,设置必要的保安应急措施。设置专用、备用的柴油机发电组。

计算机、仪表电源、事故电源和通信信号均为保安负荷,各电器室和运转室应配紧急照明用的带铬电池荧光灯。

(3) 煤粉喷吹系统安全技术。高炉煤粉喷吹系统最大的危险是可能发生爆炸与火灾。喷吹系统或者在该区域内需要动明火时,应经安全、保卫部门同意,发给动火证,并采取防火、防爆措施。喷吹系统动火前,应将系统中的残煤吹扫干净。

为了保证煤粉能吹进高炉,又不致使热风倒吹入喷吹系统,应视高炉风口压力确定喷吹罐压力。混合器与煤粉输送管线之间应设置逆止阀和自动切断阀。喷煤风口的支管上应安装逆止阀,由于煤粉极细,停止喷吹时,喷吹罐内、储煤罐内的储煤时间不能超过 8~12 h。煤粉流速必须大于 18 m/s。罐体内壁应圆滑,曲线过渡,管道应避免有直角弯。

为了防止爆炸产生强大的破坏力,喷吹罐、储煤罐应有泄爆孔。

喷吹时,由于炉况不好或其他原因使风口结焦,或由于煤枪与风管接触处漏风使煤枪烧坏,这两种现象的发生都能导致风管烧坏。因此,操作时应该经常检查,及早发现和处理。

(4) 高炉安全操作技术

1) 开炉的操作技术。开炉工作极为重要,处理不当极易发生事故。开炉前应做好如下工作:进行设备检查,并联合检查;做好原料和燃料的准备;制定烘炉曲线,并严格执行;保证准确计算和配料。

2) 停炉的操作技术。停炉过程中,煤气的一氧化碳浓度和温度逐渐增高,再加上停炉时喷入炉内水分的分解,使煤气中氢浓度增加。为防止煤气爆炸事故，应做好如下工作：处理煤气系统，以保证该系统蒸汽畅通；严防向炉内漏水。在停炉前，切断已损坏的冷却设备的供水，更换损坏的风渣口；利用打水控制炉顶温度在 400～500℃；停炉过程中要保证炉况正常，严禁休风；打水喷头必须设在大钟下。设在大钟上时，严禁开关大钟。打水停炉降料面时，禁止开大钟。大钟上不准有积水。至少每 1 h 分析一次煤气中二氧化碳和氢的含量，氢含量不得超过 6%。

（5）高炉维护安全技术。高炉生产是连续进行的，任何非计划休风都属于事故。因此，应加强设备的检修工作，尽量缩短休风时间，保证高炉正常生产。

为防止煤气中毒与爆炸，应注意以下几点：

1）在一、二类煤气作业前必须通知煤气防护站的人员，并要求至少有 2 人以上进行作业。在一类煤气作业前，还须进行空气中一氧化碳含量的检验，并佩戴氧气呼吸器。

2）在煤气管道上动火时，须先取得动火证，并做好防范措施。

3）进入容器作业时，应首先检查空气中一氧化碳的浓度。作业时，除要求通风良好外，还要求容器外有专人进行监护。

（6）出铁、出渣安全技术。炉前工在进行高炉出铁、出渣工作时，应按时、按量除铁、除渣，以保证炉况和安全生产。

1）砂口用以分离渣、铁，以保证渣罐中的渣不进入铁水，铁水中不混入渣。

2）在高炉工长的指挥下，按时、按进度出渣、出铁。

3）掌握休风的要领，慎重操作。

4）为了防止冲渣沟堵塞，渣沟坡度应大于 3.5%，不设直角弯，且沟不宜过长。

(7) 高炉煤气安全技术

1) 设计煤气管道时，必须考虑炉顶压力、温度和荒煤气对设备的磨损。

2) 为了降低煤气上升阻力，减少炉尘吹出，在炉管和下降管之间有足够的高度，以防止炉料吹出。

3) 除尘器、洗涤塔、高炉炉顶设置的入口要上下配置，以便打开入口后使空气进行对流，减少煤气爆炸的危险。

4) 在防止煤气泄漏方面，高炉与热风炉砌耐火砖，炉体结构要严密，以防止变形开裂。

3. 炼铁生产事故的预防措施和技术

炼铁厂煤气中毒事故危害最为严重，死亡人员多，多发生在炉前和检修作业中。预防煤气中毒的主要措施是提高设备的完好率，尽量减少煤气泄漏；在易发生煤气泄漏的场所安装煤气报警器；进行煤气作业时，煤气作业人员佩戴便携式煤气报警器，并派专人监护。

炉前还容易发生烫伤事故，主要预防措施是提高装备水平，作业人员要穿戴防护服。原料场、炉前还容易发生车辆伤害和机具伤害事故。

当烟煤的挥发分超过 10% 时，烟煤粉尘制备、喷吹系统易发生粉尘爆炸事故。为了预防粉尘爆炸，主要采取控制磨煤机的温度、控制磨煤机和收粉器中空气的氧含量等措施。目前，我国多采用喷吹混合煤的方法来降低挥发分的含量。

◎ **事故案例**

1982 年 8 月 16 日，武汉某钢铁公司炼铁厂铁水发生爆炸，造成

14人死亡。当天上午，该厂运输部213机车调车组前往二炼钢送铁水。返回时，从二炼钢厂带回3个铁水罐，其中2个空罐，一个重罐（因作业计划传达有误，致使该调车组误将该重罐当成空罐送到了修罐库）。修罐库负责扣罐的徐某检查不认真，未查出该重罐，就盲目指挥75 t吊车翻罐。由于重罐罐体重达50 t，罐内有铁水76 t，超过负荷50多吨。吊车起吊后，重罐迅速下坠，罐底坠到罐坑边缘，罐体猛然倾斜，铁水冲出而流入坑内，与坑内积水相遇引起爆炸。

该起事故是由于有关人员工作责任心不强，没有认真执行作业计划和操作规程，没有执行确认制，不遵守劳动纪律造成的。

五、炼钢生产安全技术

1. 炼钢安全生产的主要特点

铁水中含有碳（C）、硫（S）、磷（P）等杂质，影响铁的强度和脆性等，需要对铁水进行再冶炼，以去除上述杂质，并加入硅（Si）、锰（Mn）等，调整其成分。对铁水进行重新冶炼以调整其成分的过程叫做炼钢。

炼钢的主要原料是含碳较高的铁水或生铁以及废钢铁。为了去除铁水中的杂质，还需要向铁水中加入氧化剂、脱氧剂和造渣材料，以及铁合金等材料，以调整钢的成分。含碳较高的铁水或生铁加入炼钢炉以后，经过供氧吹炼、加矿石、脱碳等工序，将铁水中的杂质氧化除去，最后加入合金，进行合金化，便得到钢水。炼钢炉有平炉、转炉和电炉3种，平炉炼钢法因能耗高、作业环境差，已逐步淘汰。转炉和平炉炼钢是先将铁水装入混铁炉预热，将废钢加入转炉或平炉内，然后将混铁炉内的高温铁水用混铁车兑入转炉或平炉，进行熔化与提温，当温度合适后，进入氧化期。电炉炼钢是在电炉炉钢内全部加入冷废钢,经过长时间的熔化与提温,再进入氧化期。

炼钢的主要过程如下:

(1) 融化过程。铁水及废钢中含有碳(C)、锰(Mn)、硅(Si)、磷(P)、硫(S)等杂质,在低温熔化过程中,碳(C)、硅(Si)、磷(P)、硫(S)被氧化,即使单质态的杂质变为化合态的杂质,以利于后期进一步去除杂质。氧来源于炉料中的铁锈(成分为$Fe_2O_3 \cdot 2H_2O$)、氧化铁皮、加入的铁矿石以及空气中的氧和吹氧。各种杂质的氧化过程是在炉渣与钢液的界面之间进行的。

(2) 氧化过程。氧化过程是在高温下进行的脱碳、去磷、去气、去杂质反应。

(3) 脱氧、脱硫与出钢。氧化末期,钢中含有大量过剩的氧,通过向钢液中加入块状或粉状铁合金或多元素合金来去除钢液中过剩的氧,产生的有害气体一氧化碳随炉气排出,产生的炉渣可进一步脱硫,即在最后的出钢过程中,渣、钢强烈混合冲洗,增加脱硫反应。

(4) 炉外精炼。从炼钢炉中冶炼出来的钢水含有少量的气体及杂质,一般是将钢水注入精炼包中,进行吹氩、脱气、钢包精炼等工序,得到较纯净的钢质。

(5) 浇注。从炼钢炉或精炼炉中出来的纯净的钢水,当其温度合适、化学成分调整合适以后,即可出钢。钢水经过钢水包脱入钢锭模或连续铸钢机内,即得到钢锭或连铸坯。

浇注分为模铸和连铸两种方式。模铸又分为上铸法和下铸法两种。上铸法是将钢水从钢水包通过铸模的上口直接注入模内形成钢锭。下注法是将钢水包中的钢水浇入中注管、流钢砖,钢水从钢锭模的下口进入模内。钢水在模内凝固即得到钢锭。钢锭经过脱保温帽送入轧钢厂的均热炉内加热,然后将钢锭模等运回炼钢厂进行整模工作。

连铸是将钢水从钢水包浇入中间包,然后再浇入洁净器中。钢液通过激冷后由拉坯机按一定速度拉出结晶器,经过二次冷却及强迫冷却,待全部冷却后,切割成一定尺寸的连铸坯,最后送往轧钢车间。

2. 炼钢生产的主要安全技术

(1) 熔融物遇水的爆炸防护技术。铁水、钢水、钢渣以及炼炉或烧结炉底的熔渣都是高温熔融物,与水接触就会爆炸。这主要是物理反应,有时候也伴随着化学反应。

1) 造成熔融物遇水爆炸的原因。氧枪卷扬断绳、滑脱掉枪造成漏水;焊接工艺不合适,焊缝开裂或水质差,以至穿壁漏水;加入炉内及包内的各种原料潮湿;事故性短暂停水或操作失误,枪头烧坏,且又继续供水;内衬质量不过关,导致烧坏;转炉冷炉,过早打水;冷料高,下枪过猛,撞裂枪头漏水;由于罐挂钩不牢、断绳等引起的掉包、掉罐;车间地面潮湿。

2) 安全对策。冷却水系统应安装压力、流量、温度、漏水量等仪表和指示、报警装置,以及氧枪、烟罩等连锁的快速切断、自动提升装置,并在多处安装便于操作的快速切断阀及紧急安全开关;冷却水应是符合规程要求的水质;采用多种氧枪安全装置(有氧枪自动装置、张力传感器检测装置、激光检测枪位装置、氧枪锥形结构)。

(2) 化学反应引起的喷溅防护技术。炼钢炉、钢水罐、钢锭模内的钢水因化学反应引起的喷溅与爆炸危害极大。处理这类喷溅与爆炸事故时,有可能出现新的伤害。

1) 造成喷溅与爆炸的原因。根本原因是冷料加热不好;精炼期的操作温度过低或过高;炉膛压力大或瞬时性烟道吸力低;碳化钙水解;钢液过氧化增碳;留渣操作引起大喷溅。

2)安全对策。增大热负荷,使炼钢炉的加热速度适应其加料速度;避免炉料冷冻和过烧(炉料基本熔化);按标准操作,多取钢样分析成分;采用先进的自动调节炉膛压力系统,使炉膛压力始终保持在 133.322~399.966 Pa 范围内;增大炼钢炉排除烟气通道及通风机的能力;禁止使用留渣操作法;用密闭容器储运电石粉,并安装自动报警装置。

(3) 氧枪系统安全技术。转炉和平炉通过氧枪向熔池供氧,来强化冶炼。氧枪系统是钢厂用氧的安全工作重点。

1) 弯头或变径管燃爆事故的预防。氧枪上部的氧管弯道或变径管由于流速大,局部阻力损失大,如管内有渣或脱脂不干净时,容易诱发高纯、高压、高速氧气燃爆。应通过改善设计、防止急弯、减慢流速、定期吹管、清扫过滤器、完善脱脂等手段来避免事故的发生。

2) 回火燃爆事故的防治。低压用氧导致氧管负压、氧枪喷孔堵塞,都易由高温熔池产生的燃气倒罐回火,发生燃爆事故。因此,应严密监视氧压。多个炉子用氧时,不要抢着用氧,以免造成管道回火。

3) 汽阻爆炸事故的预防。因操作失误造成氧枪回水不通,氧枪积水在熔池高温中汽化,阻止高压水进入。当氧枪内的蒸汽压力高于枪壁强度极限时发生爆炸。

(4) 废钢与拆炉爆破安全技术

1) 爆破可能出现的危害。爆炸地震波;爆炸冲击波;碎片和飞块的危害;噪声。

2)安全对策。一是重型废钢爆破,废钢必须在地下爆破坑内进行,爆破坑强度要大,并有泄压孔,泄压孔周围要设立阻挡墙;二是拆炉爆破,限制装药量,控制爆破能量;三是采取必要的防治措施。

(5)铁、钢、渣灼伤防护技术。铁、钢、渣液的温度很高,热辐射很强,又易于喷溅,加上设备及环境的温度很高,极易发生灼伤事故。

1)灼伤及其发生的原因。设备遗漏,如炼钢炉、钢水罐、铁水罐、混铁炉等满溢;铁、钢、渣液遇水发生的物理化学爆炸及二次爆炸;过热蒸汽管线穿漏或裸露;改变平炉炉膛的火焰和废气方向时喷出热气或火焰;违反操作规程。

2)安全对策。定期检查、检修炼钢炉、钢水罐、铁水罐、混铁炉等设备;改善安全技术规程,并严格执行;搞好个人防护;容易漏气的法兰、阀门要定期更换。

(6)炼钢厂起重运输作业安全技术。炼钢过程中所需要的原材料、半成品、成品都需要起重设备和机车进行运输,运输过程中有很多危险因素。

1)存在的危险。起吊物坠落伤人;起吊物相互碰撞;铁水和钢水倾翻伤人;车辆撞人。

2)安全对策。厂房设计时考虑足够的空间;革新设备,加强维护;提高工人的操作水平;严格遵守安全生产规程。

3. 炼钢生产事故预防措施和技术

(1)炼钢厂房的安全要求。应考虑炼钢厂房的结构能够承受高温辐射;具有足够的强度和刚度,能承受钢水包、铁水包、钢锭和钢坯等载荷和碰撞而不会变形;有宽敞的作业环境,通风采光良好,有利于散热和排放烟气，要充分考虑人员作业时的安全要求。

（2）防爆安全措施。钢水、铁水、钢渣以及炼钢炉炉底的熔渣都是高温熔融物，与水接触就会发生爆炸。当 1 kg 水完全变成蒸汽后，其体积要增大约 1 500 倍，破坏力极大。炼钢厂因为熔融物遇水爆炸的情况主要有：转炉、平炉氧枪，转炉的烟罩，连铸机的结晶器的高、中压冷却水泄漏，穿透熔融物而爆炸；炼钢炉、精炼炉、连铸结晶器的水冷件因为回水堵塞，造成继续受热而引起爆炸；炼钢炉、钢水罐、铁水罐、中间罐、渣罐漏钢、漏渣及倾翻时发生爆炸；往潮湿的钢水罐、铁水罐、中间罐、渣罐中盛装钢水、铁水、液渣时发生爆炸；向有潮湿废弃物及积水的罐坑、渣坑中放热罐、放渣、翻渣时引起的爆炸；向炼钢炉内加入潮湿料时引起的爆炸；铸钢系统漏钢与潮湿地面接触发生爆炸。防止熔融物遇水爆炸的主要措施是，对冷却水系统要保证安全供水，水质要净化，不得泄漏；物料、容器、作业场所必须干燥。

转炉和平炉是通过氧枪向熔池供氧来强化冶炼的。氧枪系统是由氧枪、氧气管网、水冷管网、高压水泵房、一次仪表室、卷扬及测控仪表等组成，如使用、维护不当，会发生燃爆事故。氧气管网如有锈渣、脱脂不净，容易发生氧气爆炸事故，因此，氧气管道应避免采用急弯，采取减慢流速、定期吹扫氧管、清扫过滤器脱脂等措施防止燃爆事故。如氧枪中氧气的压力过低，可造成氧枪喷孔堵塞，引起高温熔池产生的燃气倒灌回火而发生燃爆事故。因此，要严密监视氧压，一旦氧压降低，要采取紧急措施，并立即上报；氧枪喷孔发生堵塞要及时检查处理。因误操作造成氧枪冷却系统回水不畅，枪内积水汽化，阻止高压冷却水进入氧枪，可能引起氧枪爆炸，如冷却水不能及时停水,冷却水可能进入熔池而引发更严重的爆炸事故。因此,氧枪的冷却水回水系统要装设流量表,吹氧作业时要严密监视回水情况,要加强人员技术培训,增强责任心,防止误操作。

(3) 烫伤事故的预防。铁、钢、渣的温度达 1 250~1 670℃时,热辐射很强,易于喷溅,加上设备及环境温度高,起重掉运、倾倒作业频繁,作业人员极易发生烫伤事故。防止烫伤事故应采取下列措施:定期检查、检修炼钢炉、混铁炉、化铁炉、混铁车及钢水罐、铁水罐、中间罐、渣罐及其吊运设备、运输线路和车辆,并加强维护,避免穿孔、渗漏,以及起重机断绳、罐体断耳和倾翻;严格执行预防铁水、钢水、渣等熔融物与水接触发生爆炸、喷溅事故;过热蒸汽管线、氧气管线等必须包扎保温,不允许裸露;法兰、阀门应定期检修,防止泄漏;制定完善的安全技术操作规程,严格对作业人员进行安全技术培训,防止误操作;搞好个人防护,上岗必须穿戴工作服、工作鞋、防护手套、安全帽、防护眼镜和防护罩;尽可能提高技术装备水平,减少人员烫伤的机会。

六、有色金属冶炼安全技术

1. 有色金属冶炼的安全生产特点

根据矿物原料的不同和各金属本身的特性,有色金属的冶炼可以采用多种方法进行,包括火法冶金、湿法冶金以及电化冶金。从目前的产量及金属种类来说,以火法冶金为主。有色金属的冶炼方法基本上可分为三大类:第一类是硫化矿原料的选硫熔炼,属于这一类的金属有铜、镍;第二类是硫化矿原料先经焙烧或烧结后,进行炭热还原生产金属,属于这一类的金属有锌、铅、锑;第三类是焙烧后的硫化矿或氧化矿用硫酸等溶剂浸出,然后用电积法从溶液中提取金属，属于这类冶炼方法的金属主要有锌、镉、镍、钴、铝。铜、铅冶炼厂生产金、银处理阳极泥仍使用火法流程，一般阳极泥处理包括脱铜、脱硒，贵铅的还原熔炼和精炼，银电解、金电解等工序。铅阳极泥则用直接熔炼、电解的方法或与脱铜、脱硒后的铜阳极泥混合处理。

我国主要大型有色冶炼厂以火法冶炼作为骨干流程，对冶金生产过程进行分组、计划、指挥、协调和控制管理。冶炼生产多在高温、高压、有毒、腐蚀等环境下进行，为确保操作人员和设备的安全，必须特别注意安全防护措施的落实，努力提高机械化和自动化水平。冶金工业也是污染最严重的行业，在有色金属生产中定向地、不断地向环境排放大量的废渣、废水、废气，容易污染环境和破坏生态平衡，必须有完善的"三废"治理工程加以处理和利用，还有噪声、振动、恶臭、放射线和热污染等，破坏了生态平衡，造成环境污染，给人民健康和生物生长带来了危害。

2. 有色金属冶炼的主要危险（危害）因素

（1）冶炼烟气中常含有腐蚀及有害气体，如二氧化硫、三氧化硫、氟氯、铅蒸气、酸雾以及砷、硫化氢、烟尘，危害人体健康，易引起工业中毒和职业病，还会腐蚀冶金设备、建筑物，影响农作物生长。

（2）有色冶金工厂的废水腐蚀性大，成分十分复杂，绝大多数都含有无机有毒物，即各种重金属和氟化物、砷化物、氰化物，易引起工业中毒，影响农作物生长，造成酸碱污染。

（3）有色冶金固体废物，包括有色金属渣、冶金废水处理渣等，会通过各种途径进入地层，造成土壤污染。

(4) 有色冶炼生产用的重油、柴油、粉煤等燃料储罐及输送管道、制氧站、锅炉、压力容器、有色冶炼烟气常含有浓度较高的煤粉或可燃性气体，通过燃烧、分解或爆炸会引起火灾和爆炸事故。

(5) 有色冶炼常见的危险品，如硫酸、液氧、液态二氧化碳、硫酸铜、酸、碱及分析试剂等，在突然泄漏、操作失控情况下，存在火灾、爆炸、人员中毒、窒息及灼烫等严重事故的潜在危险。

(6) 作业现场伴有噪声、振动、放射性和热辐射等，会引起噪声性耳聋、放射性危害、中暑和烧烫伤。

(7) 有色冶金生产需消耗大量的原材料、燃料以及中间产品的转运，交通运输能力大，易发生公路上车辆或者行人碰撞、颠覆等事故，铁路上的火车或起重吊车的相碰撞、脱轨等事故。

(8) 机械、电气危害及高空作业会引起重物挤压、打击、坠落、触电等人身伤亡事故。

3. 有色金属冶炼的主要安全技术

有色金属冶炼生产主要包括铜、铅、锌、铝和其他稀有金属以及贵重金属的冶炼和加工。在这里主要介绍铜冶炼和铅冶炼的安全技术。

(1) 铜冶炼的主要安全技术。铜冶炼以火法炼铜为主，火法炼铜大致可分为三步，即选硫熔炼——吹炼——火法精炼和电解精炼。铜冶炼安全生产的主要特点是：

1) 工艺流程较长，设备多。

2) 过程腐蚀性强，设备使用寿命短。

3) "三废"排放数量大，污染治理任务重。

铜冶炼是一个以氧化、还原为主的化学反应过程，设备直接或间

接受到高温或酸碱侵蚀影响,为延长设备使用寿命,应采取如下措施:

1) 选用优质、耐高温、耐腐蚀的设备。
2) 贯彻大、中、小修和日常巡回检查制度。
3) 采取防腐措施。
4) 提高操作工人素质,做好设备的维护保养等工作。

铜冶炼的原料主要是硫化铜精矿,硫化铜中的硫离子在生产过程中形成二氧化硫并进入烟气,回收烟气中的二氧化硫以制取硫酸,是污染治理的重要任务之一。对废渣的综合利用有多种渠道,可用于生产铸石、水泥、渣硅等建筑材料,也可用做矿坑填充料。废水中除含有重金属离子外,还含有砷、氟等有害杂质,常用中和沉淀法或硫化沉淀法将其中的重金属离子转化为难溶的重金属化合物。在废水经过净化后,回收重复利用,同时将沉淀物或浓缩液返回生产系统或单独处理,回收其中的有价金属。对含尘烟气,要完善收尘设施,严格管理,提高收尘效率;对泄漏的含铜溶液和含铜废水,集中回收处理。

(2) 铅冶炼的主要安全技术。铅冶炼主要采用火法,将硫化铅精矿烧结焙烧成烧结块,在鼓风炉中进行还原熔炼得到粗铅,再经火法、电解精炼产出电解铅,此法即烧结—还原熔炼法,是现代生产铅的主要方法。在焙烧过程中,安全生产管理技术要求较严,概括为:

1) 把"三关":炉料粒度、水分、混合制粒关;配料岗位操作关;烧结机操作关。
2) "七不准":不准物料过干、过湿;不准粒度过粗、过细;不准违反配料单进行配料;不准烧结机料面穿孔,跑空车;不准烧生料;不准炉箅堵塞和带块;不准任意停车。

3) 抓"十个环节":制备好返料;干燥和破碎好精矿;合理均匀地搭配好杂料、渣尘;准确配料;炉料润湿;混合制粒;烧结机上均匀布料;控制点火炉和烧结温度;控制炉料层和烧结机小车速度;调整风量和堵塞漏风。

在浮渣处理过程中,安全操作方面要特别注意以下各项:

1) 一次进炉料必须是干料,以防炉内残留的冰铜遇水爆炸。

2) 铅、砷在高温下易挥发,工人在全部操作过程中必须戴手套、口罩,现场严禁进食或饮水,就餐前必须先洗脸、漱口。

3) 放渣和冰铜前,渣包、冰铜包必须干燥,严禁用潮湿工具接触熔融体,以防放炮伤人。

4) 严格检查降温水套的密封情况,发现渗漏应立即抢修或更换。

铅中毒预防是铅冶炼安全工作的重点,根本途径是不断改革工艺流程,使生产环境的空气中铅的浓度达到或接近国家卫生标准。其预防措施如下:

1) 提高机械化、自动化程度,减轻劳动强度,对劳动条件差、铅烟尘污染严重的岗位,除加强密闭、通风排毒外,可在劳动组织上予以调整,由3班改为4班,缩短工作时间,减少接触铅的机会。

2) 对新建、改建和扩建的企业,坚持做到安全防毒设施与主体工程同时设计、同时施工、同时投入使用,保证投产后生产岗位环境符合国家卫生标准。

3) 严格安全规程和卫生制度,工人上岗前要穿戴好防护用品,操作时及时启动抽风排气装置,定期检查维修防尘防毒设施,用湿式清扫生产现场地面,定期监测空气中的铅尘浓度以及经常评价分析防毒设施的效果,找出问题,不断改进。

4)加强个体防护,要选择和佩戴滤尘效率高、阻力小的防尘口罩,不在生产现场吸烟、饮水、进餐,饭前要洗手、刷牙、漱口,下班后需洗澡,工作服要勤洗勤换。

4. 有色金属冶炼事故预防与控制的主要技术措施

有色金属冶炼常见的事故类型有:高温作业伤害、火灾和爆炸、机械伤害、触电、职业病、环境污染、冶金设备腐蚀等。

(1)高温作业伤害预防与控制的主要技术措施

1)通过体格检查,排除患有高血压、心脏病、肥胖和肠胃消化系统不健康的工人从事高温作业。

2)提供百分比浓度 0.2% 的食盐水供工人饮用,并适当补充维生素 B_1 和维生素 C。

(2)火灾和爆炸预防与控制的主要技术措施。在有色金属冶炼生产过程中常伴随着火灾和爆炸,采取的治理措施主要有:

1)开展危险预知活动,凡直接接触、操作、检修煤气设备的职工,要掌握煤气设备的安全标准化操作要领,并经考试合格取得合格证,方可上岗操作。

2)在煤气设备上动火或炉窑点火送煤气之前,必须先作气体分析。

3)架设隔栏,防止灼热的金属飞溅引起火灾或爆炸。

4)在煤气设备上动火时,应备有防火消火措施。对停止使用的煤气动火设备,必须清扫干净。

(3)职业病预防与控制的主要技术措施

1)加强职工安全素质教育和技术技能的培训。

2)提供合格的劳动防护用品。

3) 定期对职工的身体进行健康检查。

4) 提供安全卫生的劳动场所和环境。

(4) 机械伤害预防与控制的主要技术措施

1) 制定严格的设备设施运行规章制度。

2) 加强职工安全素质教育和技术技能的培训。

3) 提供合格的劳动防护用品。

4) 严格执行信号和联络制度。

(5) 触电伤害预防与控制的主要技术措施

1) 严格执行信号和联络制度。

2) 提供合格的劳动防护用品。

3) 加强职工安全素质教育和技术技能的培训。

4) 对于电缆电气设备的检修要及时认真。

(6) 环境污染预防与控制的主要技术措施

1) 设置回转窑尾气吸收塔，将废气导入塔内，并在汞的作用下生成粗硒产品，从而达到环保和回收有价元素的目的。

2) 设置氯气吸收塔，通过抽风装置将阳极泥分金生产中生成的氯气抽入塔内，用碱液中和处理，或将溶液返回，用于氰化分金作业。

3) 设置水沫收尘装置，净化小转炉吹炼炉气。

4) 设置抽风装置，对金、银电解精炼过程中产生的有害气体进行抽排处理，以改善作业环境。在金电解槽上方安装排风罩，将金电解过程中产生的氯气、氯化氢抽排，并用碱液吸收。

(7) 冶金设备腐蚀预防与控制的主要技术措施

1) 选用优质、耐高温、耐腐蚀的设备。

2) 贯彻大、中、小修和日常巡回检查制度。

3) 采取防腐措施。

4) 提高操作工人素质,做好设备的维护保养等工作。

◎相关知识

黄金冶炼事故除包括高温作业伤害、火灾和爆炸、机械伤害、触电、职业病、环境污染、冶金设备腐蚀等外,最主要的危险源还有氢化物和汞中毒。

氢化物和汞中毒预防与控制的主要技术措施如下:

(1) 选用优质、耐高温、耐腐蚀的劳动防护用品。

(2) 加强职工安全素质教育和技术技能的培训。

(3) 加强通风,保证工作场所具有良好的生产环境。

(4) 安装安全预警装置。

第三节 冶金加工生产及煤气、氧气生产安全技术

一、铸造生产安全技术

1. 铸造生产的特点

铸造生产是指将液态金属(合金)浇注到铸型中,经过凝固、冷却得到铸件的生产过程。现有的铸造方法分为砂型铸造和特种铸造两种,其中砂型铸造生产的铸件占铸件总量的90%以上。砂型铸造的生产过程包括:造型材料准备、造型、造芯、熔化、浇注、落砂和清理等。

铸造生产过程中的主要危险因素有:

(1) 在生产过程中存在爆炸或烫伤危险的同时,还会产生高温、

粉尘等污染工作场所，对作业人员产生职业危害。

（2）起重运输、材料堆放、炉料破碎时若不按规章作业，会引起浇包坠落，高温液体会溅出伤人；炉料破碎时既产生粉尘，也容易产生碎块飞出伤人。

（3）浇注时，若使用的工具不合要求或操作不当时，容易跑流，特别是遇潮湿或有水时，容易发生爆炸。

（4）浇注时还会产生一定量的有害气体和粉尘、烟雾及噪声，环境温度较高，劳动强度较大，工人容易疲劳。

2. 预防事故的主要措施

（1）浇铸作业地点不能有人。采取自动化的浇铸工艺是努力的方向，其次将作业人员与浇铸线隔离是防止人员烫伤的有效措施。此外，浇铸现场不允许无关人员逗留。

（2）作业人员必须佩戴合格的劳动防护用品。

（3）抓好熔铸作业各个环节的安全工作，防止潮湿原料、含油脂原料加入混合炉，防止天然气、煤气泄漏形成爆炸混合气体，防止燃油路燃油形成爆炸混合气体，工器具、渣箱等要充分预热。

（4）铸造车间应留有自由通行的安全通道，宽度不小于1.5 m。

（5）车间要有良好的通风和照明设施，尽可能利用出入口和门窗进行自然通风，保证具有良好的生产条件。必要时安装通风机、风扇等，并做好维护和保养。

（6）场地要平整、干净，一切物品应堆放合理，不堵塞通道和工作场地。

（7）炉门应经常紧闭，以防止炉气污染车间空气。

（8）铸造使用的工具和铸造场地要保持干燥，防止高温液体遇潮湿发生喷溅伤人事故。

二、轧钢生产安全技术

1. 轧钢生产的主要特点

轧钢是将炼钢厂生产的钢锭或连铸钢坯轧制成钢材的生产过程，用轧制方法生产的钢材，根据其断面形状，可大致分为型材、线材、板带、钢管、特殊钢材类。

按轧制温度的不同来分，轧钢的方法可分为热轧与冷轧；按轧制时轧件与轧辊的相对运动关系来分，轧钢的方法可分为纵轧、横轧；按轧制产品的成型特点来分，轧钢的方法可分为一般轧制和特殊轧制。旋压轧制、弯曲成型的都属于特殊轧制。轧制同其他加工一样，是使金属产生塑性变形，制成具体产品。不同的是，轧钢工作是在旋转的轧辊间进行的。轧钢机分为两大类，轧机主要设备或轧机主机列、辅机和辅助设备。凡用以使金属在旋转的轧辊中变形的设备，通常称为主要设备。主机设备排列成的作业线称为轧钢机主机列。主机列由主电机、轧机和传动机械三部分组成。

轧机按用途来分有：初轧机和开坯机、型钢轧机（大、中、小和线材）、板带机、钢管轧机和其他特殊用途的轧机。轧机的开坯机和型钢轧机是以轧辊的直径标称的，板带轧机是以轧辊身长度标称的，钢管轧机是以能轧制的钢管的最大外径标称的。

2. 轧钢生产主要安全技术

（1）原料准备的安全技术。要设有足够的原料仓库、中间仓库、成品仓库和露天堆放地，安全堆放金属材料。钢坯通常用磁盘吊和单钩吊卸车。挂吊人员在使用磁盘吊时，要检查磁盘是否牢固，以防脱落砸人。使用单钩吊卸车前要检查钢坯在车上的放置状况，如钢绳和车上的安全柱是否齐全、牢固,使用是否正常。卸车时要将钢绳穿在中间位置上,两根钢绳间的跨距应保持 1 m 以上,使钢坯吊起后两端保持平衡,再上垛堆放。400℃以上的热钢坯不能用钢丝绳卸吊,以免烧断钢绳,造成钢坯掉落砸、烫伤。钢坯堆垛要放置平稳、整齐,垛与垛之间保持一定的距离,便于工作人员行走,避免吊放钢坯时相互碰撞。垛的高度以不影响吊车正常作业为标准,吊卸钢坯作业线附近的垛高应不影响司机的视线。工作人员不得在钢坯垛间休息或逗留。挂吊人员在上下垛时要仔细观察垛上钢坯是否处于平衡状态,防止在吊车起落时受到振动而滚动或登攀时踏翻,造成压伤或挤伤事故。

大型钢材的钢坯用火焰清除表面的缺陷,其优点是清理速度快。火焰清理主要用煤气和氧气的燃烧来进行工作,在工作前要仔细检查火焰枪、煤气和氧气胶管、阀门、接头等有无漏气现象,风阀、煤气阀是否灵活好用,在工作中出现临时故障要立即排除。火焰枪发生回火时,要立即拉下煤气胶管,迅速关闭风阀,以防回火爆炸伤人。火焰枪操作程序按操作规程进行。

中厚板的原料堆放和管理很重要,堆放时,垛要平整、牢固,垛高不能超过 4.5 m,注意火焰枪、切割器的规范操作和安全使用。

冷轧原料的准备:冷轧原料钢卷均在 2 t 以上,吊运是安全的重点问题,吊具要经常检查,发现磨损及时更换。

(2) 加热与加热炉的安全技术。工业炉用的燃料分为固体、液体和气体 3 种。燃料与燃烧的种类不同,其安全要求也不同。气体燃料运输方便、点火容易、易达到完全燃烧,但某些气体燃料有毒,具有爆炸危险,使用时要严格遵守安全操作规程。使用液体燃料时,应注意燃油的预热温度不宜过高,点火时进入喷嘴的重油量不得多于空气量。为防止油管的破裂、爆炸,要定期检验油罐和管路的腐蚀情况,储油罐和油管回路附近禁止烟火,并配有灭火装置。

工业炉发生事故,大部分是由于维护、检查不彻底和操作上的失误造成的。首先要检查各系统是否完好,加强维护保养工作,及时发现隐患部位,迅速整改,以防止事故发生。

使用均热炉、加热炉、热处理炉的安全注意事项如下:各种传动装置应设有安全电源,氢气、氮气、煤气、空气和排水系统的管网、阀门、各种计量仪表系统以及各种取样分析仪器和防火、防爆、防毒器材必须确保齐全、完好。

(3) 冷轧生产安全技术。冷轧生产的特点是加工温度低,产品表面无氧化铁皮等缺陷,光洁度高,轧制速度快。酸洗主要是为了清除表面氧化铁皮,生产时应注意以下事项:

1) 保持防护装置完好,以防机械伤害。

2) 注意穿戴要求,以防酸液溅入灼伤。

冷轧速度快,清洗轧辊时应注意站位,磨辊须停车,处理事故时须停车进行,切断总电源,手柄恢复零位。采用 X 射线测厚时,要有可靠的防射线装置。

热处理是保证冷轧钢板性能的主要工序,存在的事故危险有:火灾、中毒、倒炉和掉卷。其防护措施有:

1) 在煤气区操作时必须严格遵守《煤气安全操作规程》,保持通风设备良好。

2) 吊具磨损后应及时更换,以防吊具伤人。

3. 轧钢生产事故的预防措施及技术

(1) 不安全因素。轧钢由于生产工艺复杂，设备种类多，在冶金工厂设备中占的比重较大，检修任务重，故检修安全是安全管理的重要环节。

钢厂的大、中修是多层作业，易发生高处坠落、物体打击等事故。

(2) 预防措施

1) 检修前组织好检修人员和安全管理人员，做好安全准备工作，并在检修过程中加强安全监护。重视不安全因素，除有安全防范措施外，检修现场要设置围栏、安全网、屏障和安全标志牌。高空作业必须戴安全带。

2) 检修电气、煤气、氧气、高压气等动力设备和管线时，严格按规程贯彻停送电制度，确认安全方可进行。

3) 更换煤气管道开闭器时，遵守《煤气安全操作规程》要求，靠近易燃易爆设备、物体及要害部位时，采取防火措施，经检查确认安全后方可动火。

4) 严格遵守起重设备安全操作制度，指挥须佩戴安全标志，吊物用的钢绳、钩环要认真检查。

5) 检修前须对检修人员进行安全教育，控制人的不安全行为，加强现场管理，控制物和环境的不安全状态。

三、锻造生产安全技术

1. 锻造生产的特点

锻造生产是利用外力，通过工具或模具使金属坯料产生塑性变形，从而获得具有一定形状、尺寸和内在质量毛坯、零件的一种加工方法。锻造的主要设备有锻锤、压力机、加热炉等。

锻造生产由于高温、振动、噪声和烟尘等因素，工作环境恶劣，劳动强度大，容易发生烧伤、碰伤、触电及机械伤害，或由于机器、工具、工件直接造成的刮伤、碰伤、砸伤、击伤等事故，而且一旦发生事故，可能非常严重。

2. 预防事故的主要措施

（1）合理组织生产，制定严格的安全生产规章制度和安全操作规程，并切实执行。

（2）加强设备的维护与检修，尤其是受冲击部位有无损伤、松动和裂纹等，发现问题及时解决，严禁违章、带病作业；必要的安全防护装置必须配备齐全，并确保坚固可靠。

（3）车间内设备的间距应以设备类型、动力大小、锻件尺寸、工序间的运输方式等因素确定。锻造设备的布置应考虑尽量减少坯料或锻件的往返交叉运输，采用顺跨双排布置时，应尽量考虑锻件或料头飞出的主要方向对着车间侧墙，若确有困难，应设置挡板，以避免伤人。

（4）车间内应留有设备附件、锻模、锻件、原材料等的存放地，对易滚落的圆坯料或锻件，尽可能放在V形箱槽中，堆放高度一般不应超过1 m。

（5）生产现场要注意通风、透光、照明，冬季要注意保温，要对设备有关部分、工具、模具进行预热，防止断裂；高温季节要采取防暑降温措施。

（6）为保证安全，车间内应设置尺寸符合安全要求的通道，并保证畅通。

四、煤气安全生产技术

1. 煤气安全生产的特点

煤气作为气体燃料,具有输送方便,操作简单,燃烧均匀,温度、用量易于调节等优点,是工业生产的主要能源之一。在冶金企业里,煤气是高炉炼铁、焦炉炼焦、转炉炼钢的副产品,又是冶金炉窑加热的主体热料。

2. 煤气安全生产技术

煤气中含有大量一氧化碳,其散发在作业场所内时,容易使工人中毒。

(1) 煤气的性质。煤气的主要成分是一氧化碳、氢气、甲烷等可燃气体,其中一氧化碳有毒。煤气中还含有少量不可燃气体,如氮气、二氧化碳等。因此,煤气安全事故分为三类:中毒、火灾和爆炸。

(2) 煤气中毒的原因及安全对策。发生煤气中毒的主要原因有以下几项:

1) 煤气泄漏。煤气泄漏的部位有高炉风口、热风炉煤气间阀、高炉冷却架、煤气蝶阀组传动轴、煤气管道的法兰部位、煤气鼓风机围带等处,作业人员在这些区域作业最容易发生煤气中毒事故。

2) 煤气压力因事故骤然升高,有时会超过最大工作压力,使煤气系统排水槽中的水被鼓出,泄漏出大量煤气而导致中毒事故。

3) 剩余高炉煤气放散管的高度不够,或距生活区、居民区太近,或煤气没有点燃就放散,加上风向等气候原因,可能造成集体中毒事故。

4) 煤气设备年久失修,如高压排水槽内排水管腐蚀、补偿器腐蚀等,发生煤气泄漏中毒事故。

5) 煤气设备和蒸汽或生活用气特别是浴室用气连接在一起,当蒸汽压力低于煤气压力时，煤气倒流入蒸汽管，窜入浴室而导致中毒事故。

6) 高炉检修时先用热风烘炉，但废气阀未用盲板或砌砖切断，各个风口又未用泥堵死，致使废气窜入高炉内，导致检修工人中毒。

7) 检修煤气设备时未可靠切断煤气来源，煤气进入设备内，易导致中毒。

8) 操作煤气叶形插架时，未佩戴氧气呼吸器而中毒。

9) 带煤气作业时，未正确使用氧气呼吸器或不使用通风口罩而导致中毒。

10) 煤气排水槽下水道与其他房间下水道相通，部分煤气可以从下水道窜入其他房间而导致中毒。

对于煤气中毒，可采取的安全对策主要有：

1) 煤气设施的设计必须符合国家标准和规范的要求。

2) 制定煤气设备的维修制度并及时检查，发现泄漏及时处理。

3) 对煤气实行分级管理。根据其中一氧化碳的含量，将作业区域分成一、二、三类煤气危险区域。在一类煤气危险区域作业，作业人员必须佩戴氧气呼吸器或通风口罩，并应有人在现场监护；在二类煤气危险区域作业，应准备好氧气呼吸器或有人监护；在三类煤气危险区域作业，虽然可不用氧气呼吸器，但也要加强检测。

(3) 煤气爆炸的原因及预防措施。煤气爆炸是煤气和空气混合到一定比例，遇明火、电火花、燃点以上温度等即可发生爆炸。煤气爆炸必须具备3个条件：一是煤气浓度超标；二是受限空间超压；三是存在点火源。只有这3个条件同时具备，煤气才能爆炸。

发生煤气爆炸事故的原因主要有：

1) 工业炉窑内温度来还未达到燃点温度时就输入煤气,使炉窑内形成爆炸性混合气体,点火时发生爆炸事故。

2) 强制送风的炉窑未开风机,煤气由闸阀窜入送风管,点火时发生爆炸。

3) 工业炉窑送煤气点火时,操作人员误把煤气旋塞的开启当成关闭,将煤气送入炉窑,点火发生爆炸。

4) 工业炉窑第一次点火时,送煤气未点燃,未经处理的剩余煤气就第二次点火而发生爆炸。

5) 工业炉窑的送风机突然停电,煤气不能完全燃烧,部分煤气从烧嘴窜入空气管道而发生爆炸。

6) 煤气设备停产后,未将煤气处理干净,又未经爆炸试验,动火发生爆炸;煤气发生炉的送风机突然停电,煤气倒流窜入空气管道而发生爆炸。

7) 准备投产的煤气管道与有煤气的管道没有用堵盲板隔断,煤气由闸阀漏入新管道,未经空气分析检查,动火发生爆炸。

8) 煤气设备停产检修,设备内的煤气已清除,检验合格,允许动火,后因蒸汽管未与煤气设备断开,另一台正常生产的煤气设备的煤气沿蒸汽管道及闸阀窜入检修的这台煤气设备中,第二次动火时未经化验检查就发生爆炸;煤气设备着火时,未通入蒸汽或氮气充压,未切断煤气来源,发生回火爆炸。

针对煤气爆炸事故的安全对策有:

1) 在员工中广泛开展危险预知活动,凡直接接触、操作、检修煤气设备的职工,都要熟悉煤气设备的结构及性能,知晓煤气的危险性,掌握煤气设备的安全标准化操作要领,并经考试合格,取得合格证，方可上岗操作。

2）煤气设备停产检修时，必须将煤气处理干净，并将其与正常生产的煤气设备用盲板或间阀和水封隔断，把煤气设备上的蒸汽管、水管断开。

3）在煤气设备上动火或炉窑点火送煤气之前，必须先做气体分析。一般停产检修的煤气设备内空气中的氧含量应在 20.5% 以上，炉窑点火送煤气时，煤气中的氧含量应不大于 1%。

（4）煤气火灾。煤气燃烧必须具备两个条件：一是有足够的空气，二是有明火或者达到煤气的燃点。

导致煤气火灾事故的原因有：

1）在焦炉地下室或者在平炉炉台下一层带煤气抽堵盲板时，煤气大量逸出，与火源接触，发生着火事故。

2）带煤气作业时使用铁质工具，撞击产生火花，引起火灾事故。

3）带煤气作业时，附近有火源或裸露的蒸汽管道，引起火灾事故。

4）煤气管道停产检修时，管道内的萘等存积物或硫化铁自燃起火。

5）煤气设备动火时泄漏的煤气引起着火。

6）煤气设备停产检修时，煤气未清扫干净，又未准备好消火设施而动火，发生火灾事故。

7）雷击或焦炉煤气放散口积存硫化铁，引起着火事故。

针对煤气火灾事故，有以下安全对策：

1）带煤气作业时，40 m 以内禁止一切火源，未采取特殊安全措施，严禁在焦炉地下室带煤气作业。

2）带煤气作业应使用铜质工具或铝青铜合金工具，禁止使用铁质工具。

3）在裸露的高温蒸汽管道附近，设备应作绝热处理。

4）在煤气设备上动火，应备有防火消火设施。停煤气动火的设备必须清扫干净。

◎事故案例

1992年2月9日，太原某炼铁厂一高炉大钟打不开，副工段长杜某组织人员上炉顶排除故障。为尽快恢复生产，其违反煤气设备安全规程，盲目决定打开人孔检查，造成1人死亡、4人轻伤的事故。

3. 煤气生产安全预防措施和技术

（1）防护与抢救设备。防护设备是防毒面具。防毒面具分为过滤式、隔离式和隔绝式3种。

抢救设备主要是苏生器和高压氧舱。苏生器是用于对因中毒而窒息者进行人工呼吸的器械；高压氧舱可以使中毒者迅速克服缺氧状态。

（2）中毒事故抢救。煤气中毒事故抢救工作必须遵循以下规定：

1）进入煤气危险区域抢救时，必须佩戴氧气呼吸器。

2）抢救工作必须服从统一指挥。

3）事故现场布置警戒，以防止无关人员进入。

4）抢救现场要保持清静，冬季要保暖。

5）中毒者在恢复知觉前，一般不送往较远的医院，可就近送卫生所抢救。

（3）爆炸事故抢救。煤气设备或炉窑一旦发生煤气爆炸，不仅损坏设备，还会造成人员伤亡或中毒。爆炸事故发生后，应首先救人，同时切断已发生煤气爆炸设备的煤气来源，以防止二次爆炸。如煤气设备未损坏，应查明爆炸原因后再送煤气。

(4) 火灾事故抢救。煤气火灾往往是熊熊大火，煤气管道内起火则往往是黑烟滚滚。根据煤气着火的情况，应局部停止使用煤气，设法关闭间阀降低煤气压力，并向着火的设备内通入大量蒸汽或氮气。煤气管道管径在 150 mm 以下的，可直接关闸阀熄火。万一发生爆炸，最大爆炸压力约为 0.7 MPa，管径小的钢管足够承担煤气爆炸的压力。管径在 150 mm 以上的，关闸阀降低煤气压力最低不得小于 49～98 Pa，严禁突然完全关闭闸阀或水封，以防回火爆炸。煤气火灾抢救工作应特别注意以下几点：

1) 煤气设备已烧红时，不得用水骤然冷却，以防煤气设备变形，泄漏出更多的煤气。

2) 煤气闸阀、压力表、蒸汽或氮气管头应有专人控制操作。

3) 蒸汽来源有困难时，可调用蒸汽机车或汽吊。

4) 如煤气管道内沉积物着火，可密闭人孔，以隔绝空气，使其灭火。

◎**事故案例**

2008 年 12 月 24 日 9 时许，河北遵化市某钢铁公司 2 号高炉重力除尘器顶部泄爆板爆裂，造成煤气泄漏事故，造成 17 人死亡、27 人受伤。

五、氧气安全生产技术

1. 氧气安全生产的特点

氧气是一种无色、无味的气体，密度比空气大。在标准大气压下氧气的液化温度为 －182.98℃。液氧系天蓝色、透明、易流动的液体。凝固温度为-248.4℃，固态氧呈蓝色固体结晶。

氧气与其他物质化合，并生成氧化物的氧化反应无时无刻不在进行之中，纯氧中进行的氧化反应异常激烈，同时释放出大量热，温度极高。

氧气是一种优良的助燃剂，与一切可燃物均可进行燃烧。与可燃气体，如氢气、乙炔、甲烷、煤气、天然气等可燃气体按一定比例混合后容易发生爆炸事故。氧气纯度越高，压力越大，越有危险。各种油脂与压缩氧气接触易自燃。

氧气的制取方法很多，一般有化学法、电解法、吸附法和深度冷冻法等。

深度冷冻法制氧以空气为原料，电耗低（$1.8 \sim 2.16 \text{ MJ/m}^3$）、成本低、产量高、质量好、安全运转周期长，工艺成熟，目前已在工业上得到广泛应用。

2. 氧气生产的安全技术

随着吹氧炼钢、高炉富氧鼓风等强化冶炼的措施和钢坯自动火焰清理机新技术的采用，钢铁企业的用氧发展很快，已成为国民经济中最大的用氧部门。其特点是装机多，容量大，普遍采用大型制氧机组，小时产氧量达数万立方米，单机容量为 $3\,200 \sim 3\,500 \text{ m}^3/\text{h}$。

氧气在钢铁企业生产中占有很重要的地位，并具有非常广泛的用途，其用途基本可分为工艺用氧和切焊用氧两大类。钢铁企业不仅用氧量大，而且用途广泛，从原料加工、冶炼、轧钢到机修、基建，甚至生活后勤工作，无时无刻不在使用氧气。

(1) 氧气的爆炸

1) 物理爆炸。无化学反应，也没有大幅升温现象。一般是在常温或比常温稍高的温度下,由于气压超过了受压容器或管道的屈服极限乃至强度极限,造成压力容器或管道爆裂,如氧气钢瓶使用年限过久,腐蚀严重,瓶壁变薄,又没有进行安全检查,以致在充气时或充气后发生物理性超压爆炸。

2) 化学爆炸。有化学反应,并产生高温、高压,瞬时发生爆炸,如氢气、氧气混合装瓶,见火即爆。

(2) 氧气的燃爆。发生燃爆需要可燃物、氧化剂和激发能源三要素同时存在。氧气和液氧都是很强的氧化剂。氧气的纯度越高,压力越高,危险性越大。

当可燃物与氧气混合并存在激发能源时,可能发生燃烧现象,但不一定会爆炸。只有当氧气与可燃气体均匀混合,其浓度在爆炸极限范围内,并遇到激发能源时,才能引发爆炸。这就是燃烧条件和爆炸条件的唯一差别。

(3) 氧气生产的安全要点。预防氧气事故应从安全管理、安全装置两个方面入手。

1) 安全管理。制定岗位责任制、安全教育培训制度、安全检查制度、安全操作规程等相应的安全管理制度,并严格执行。

2) 安全装置。氧气安全装置主要包括三大类:

①安全泄压装置。安全泄压装置是用以保证系统(容器、管道、设备等)安全运行,防止发生超压事故的一种保险装置。若系统压力超过规定值,它就自动将系统内的气体迅速排出一部分,使系统压力恢复正常值。

安全泄压装置有许多种类型,目前,冶金企业使用最多的是安全阀与防爆片。

安全阀由阀座、阀瓣和阀体组成，是一种阀门自动开启型安全泄压装置。压力超限时，阀门自动开启泄压；压力正常后，阀门自动关闭。安全阀泄压不影响系统正常运行。安全阀必须动作灵敏可靠，密封性能良好，结构紧凑，调节方便。

防爆片又称防爆膜、防爆板，是一种断裂型安全泄压装置。因为泄压后膜片不能自动复原，所以系统将被迫停止运行。因此，防爆片只是在不宜安装安全阀的情况下使用。

②报警停车连锁装置。该装置能够通过对一系列参数进行监控来发现异常或超限，自动报警和（或）停车。目前使用较普遍的是温度、压力、浓度、阻力、流量、液位报警停车连锁装置。

另外，轴位移保护、防喘振保护、振动保护、超速保护，以及电压、电流、接地保护也经常采用报警停车连锁装置。

③其他防护措施。氧气事故的其他防护措施包括放散阀、逆止阀、防爆墙、防雷防静电接地等。

(4) 氧气的储运。氧气储器中比较常见的是中压氧气球罐。氧气储器应满足以下安全要求：

1) 总图布置合理。

2) 精心设计，精心施工。

3) 焊接要严格把关，氧气储罐要严格脱锈除脂。

4) 进行强度试验和气密性试验。

3. 氧气生产的安全预防措施和技术

(1) 空分装置基础的安全问题。空分装置的基础不得用木材等可燃物做绝热层，而必须考虑能够防爆。

(2) 空分机设备的检修问题

1) 必须严格遵守高空多层作业的安全规程。
2) 容器内部检修时，严禁油污。
3) 做好裸体冷冻和气密性试验。
4) 在作业时要加强通风，操作人员要戴有机防毒面具或氧气呼吸器；充填和扒除珠光砂时，一定要注意安全，防止跌落，充装口要有防护栏。

◎事故案例

1995年10月28日，天津某钢厂发生氧气管道火灾事故，导致9人死亡、1人轻伤。由于该厂大修增钢改造工程正进入收尾调试阶段，在当天15时35分，工人刘某等3人开启氧气管道进口处闸板阀门时，氧气管道突然燃烧起火。

事故原因为：在开启进口阀门时，排污阀门应关闭，但事后检查发现排污阀门没有关闭，造成进口阀门前后压差过大，氧气流速过高；氧气管道内积存有氧化铁皮等杂质，高速流动的气体携带氧化铁皮在管道内摩擦生热，达到可燃点而引起爆炸；现场作业人员对氧气管网性能尤其是对高速气流所造成的危害程度认识不足，表现无知，因此，对试氧的关键环节的布置不严密，要求不具体。

第四节 机械电气安全技术

一、机械伤害的类型

机械装置在正常工作状态、非正常工作状态乃至非工作状态都可能发生危险。在机械作业中，存在以下几种主要伤害类型：

(1) 物体打击。物体在重力或其他外力作用下打击人体而造成伤害,如砂轮片破损导致砂轮飞出,造成物体打击。

(2) 机械伤害。包括挤压、剪切、切割或切断、缠绕、引入或卷入、冲击、刺伤或扎伤、摩擦或磨损等。

(3) 起重伤害。起重机在安装、起吊、检修、试验等过程中发生的挤压、坠落、物体打击等。

(4) 电气伤害。包括直接或间接触电、趋近高压带电体和静电所造成的伤害等。

(5) 高处坠落。在高处作业中发生坠落造成的伤害事故。

(6) 由噪声和振动引起的伤害。包括噪声引起的听力损伤、生理异常、语言通信和听觉干扰,手持机械振动导致神经病变,全身振动的危险等。

(7) 由低频无线频率、微波、红外线、可见光、紫外线、各种高能粒子射线、激光辐射对人体健康和环境损害的危险。

二、机械设备操作时的安全注意事项

(1) 必须正确穿戴好个人防护用品。工作前要穿好紧身工作服,袖口扣紧,长发要盘入工作帽内,操作旋转设备时不能戴手套。

(2) 操作前要对机械设备进行安全检查,在运行中也要按规定对机械设备进行安全检查。特别是对紧固的物件,要查看其是否由于振动而松动,以便重新紧固。

(3) 机械设备严禁带故障运行,千万不能凑合使用,以防发生事故。

(4) 机械设备的安全装置必须按规定正确使用,严禁将其拆掉不用。

(5) 机械设备使用的刀具、夹具以及加工的零件等一定要装卡牢固，不得松动。

（6）机械设备在运转时，严禁用手调整；也不得用手测量零件，或进行润滑、清扫杂物等工作。如必须进行时，则应首先关停机械设备。

（7）机械设备运转时，操作者不得离开工作岗位，以防发生问题而无人处置。

（8）工作结束后，应关闭开关，把刀具和工件从工作位置退出，将零件、夹具等摆放整齐，并清理好工作场地。

◎事故案例

2004年4月23日，陕西某钢铁厂职工小吴正在摇臂钻床上进行钻孔作业。测量零件时，小吴没有关停钻床，只是把摇臂推到一边，就用戴手套的手去搬动工件，这时，飞速旋转的钻头猛地绞住了小吴的手套，强大的力量拽着小吴的手臂往钻头上缠绕。小吴一边喊叫，一边拼命挣扎，等其他工友听到他的喊叫声关掉钻床，小吴的手套、工作服已被撕烂，右手小拇指也被绞断。

三、机械安全防护装置

常用的机械安全防护装置主要有：

（1）连锁防护装置。连锁防护装置可采用机械、电气、液压、气动或组合的形式，保证不使人员暴露在危险之中。例如，利用光电作用，在人手进入冲压危险区时，冲压动作立即停止。

（2）防护罩和防护网。可分为固定式和移动式两种形式，能防止人体接触机械的危险部位。

（3）控制安全装置。使机器能迅速停止运动，避免人体伤害。只有控制装置完全闭合时，机器才能开动；如果控制装置断开，机器的运动就会迅速停止或者反转。

(4) 隔离安全装置。隔离安全装置是一种阻止人体的任何部分靠近危险区域的设施，例如固定的栅栏等。

(5) 跳闸安全装置。其作用是在操作到危险点之前，自动使机器停止或反向运动。

(6) 双手控制安全装置。这种装置迫使操作者应用两只手来操纵控制器，从而保护操作者免受伤手的危险，但它仅能对操作者提供保护。

四、金属切削作业的安全技术

1. 金属切削作业的常见伤害事故

(1) 刺割伤。操作人员接触较为锋利的机件和工具刃口，如金工车间里的切屑及正在工作着的车、铣、刨、钻等，都如同快刀一样，能对人体未加防护的部位造成伤害。

(2) 物体打击。高空落物及工件或砂轮高速旋转时沿切线方向飞出的碎片，往复运动的冲床、剪床等，都可能导致人员受到伤害。

(3) 绞伤。旋转的传动带、齿轮及正在工作的转轴都可导致人员被绞伤。

(4) 烫伤。加工切削下来的高温切屑迸溅到人体的暴露部位上，导致人员被烫伤。

2. 金属切削作业的安全技术要求

(1) 被加工件的质量、轮廓尺寸应与机床的技术性能数据相适应。

(2) 被加工件的质量大于 20 kg 时，应使用起重设备。

(3) 在工件回转或刀具回转的情况下，禁止戴手套操作。

(4) 紧固工件、刀具或机床附件时要站稳，不要用力过猛。

(5) 每次开动机床前都要确认对任何人无危险，机床附件、加工件以及刀具均已固定牢靠。

(6) 当机床工作时，不能变动手柄，进行测量、调整、清理等工作。操作者应观察加工进程。

(7) 如果在加工过程中易形成飞起的切屑，为安全起见，应放上防护挡板。从工作地和机床上清除切屑，防止切屑缠绕在被加工件上。

(8) 正确地安放被加工件，不要堵塞机床附近的通道，要及时清扫切屑，工作场地特别是脚踏板上不能有切屑液和油。

(9) 当用压缩空气作为机床附件驱动力时，废气排放口应朝着远离机床的方向。

(10) 经常检查零件在工作地或库房内堆放的稳固性，当将这些零件移到运箱中时，要确保它们位置稳定以及运箱本身稳定。

(11) 操作人员需要离开机床时，即使是短时间离开，也一定要关掉电源（停车）。

(12) 当出现电绝缘发热并有气味、设备运转声音不正常时，要迅速停车检查。

五、车床作业安全技术

(1) 操作人员必须经过培训，持证上岗；未能取得上岗证的人员不能单独操作车床。

(2) 操作者要穿紧身防护服，袖口扣紧，长发的要戴防护帽。操作时不能戴手套。切削工作和磨刀时必须戴防护眼镜。

(3) 开机前，首先检查油路和转动部件是否灵活正常，夹持工件的卡盘、拨盘、鸡心夹的凸出部分最好使用防护罩,如无防护罩,操作时应注意距离,不要靠得太近,以免绞住衣服及身体的其他部位。开机时要观察设备是否正常。

(4) 车刀要夹牢固,吃刀深度不能超过设备本身的负荷,刀头伸出部分不要超出刀体高度的1.5倍,垫片的形状尺寸应与刀体形状尺寸相一致,垫片应尽可能少而平。转动刀架时,要把车刀退回到安全的位置,防止车刀碰撞卡盘。在车床主轴上装卸卡盘应在停机后进行,不可借用电动机的力量取下卡盘。

(5) 装卸大工件时,床面上要垫木板。用吊车配合装卸工件时,在卡盘未夹紧工件时不允许卸下吊具,并且要把吊车的全部控制电源断开。工件夹紧后车床转动前,须将吊具卸下。

(6) 使用砂布磨工件时,砂布要用硬木垫,车刀要移到安全位置,刀架面上不准放置工具和零件,划针盘要放牢。加工内孔时,不可用手指支持砂布,应用木棍代替,同时速度不宜太快。

(7) 变换转速应在车床停止转动后方可进行,以免碰伤齿轮。开车时,车刀要慢慢接近工件,以免碎屑崩伤人或损坏工件。

(8) 除车床上装有运转中自动测量装置外,均应停车测量工件,并将刀架移动到安全位置。

(9) 工作时间不能随意离开工作岗位,禁止玩笑打闹,有事离开必须停机断电。工作时思想要集中,不能在运转中的车床附近更换衣服。禁止把工具、夹具或工件放在车床床身上和主轴变速箱上。

(10) 工作场地应保持整齐、清洁。工件存放要稳妥,不能堆放过高,铁屑应用钩子及时清除,严禁用手拉。电器发生故障应马上断开总电源,及时通知电工检修,不能擅自乱动。

六、钳工安全技术

(1) 工作前应严格检查工器具是否完整、可靠,工作单位的安全设施是否齐备、牢固。

(2) 钳工工作台上应设置铁丝防护网,錾凿时应注意对面工作者的安全,严禁使用高速钢做錾子。使用的各种錾头不能淬火并不可用锤直接打击工件,应用木头或软金属垫好之后再打击。

(3) 使用大锤、手锤时应检查锤头是否牢固;打锤时不准戴手套;大锤运动的前后、左右、上下范围内严禁站人;不许用大锤打小锤,也不许用小锤打大锤。

(4) 使用手持电动工具时,应检查是否有漏电现象,工作时应接上漏电开关,并且注意保护导电软线,避免发生触电事故,使用电钻时严禁戴手套工作。

(5) 用手锯锯割工件时,锯条应适当拉紧,以免锯条折断伤人。

(6) 不准将手伸入两件工件连接的通孔内,以防工件移位挤伤手指。

(7) 检修具有易燃易爆危险的设备时,一定要事先办好检修许可证和动火证。

(8) 设备试机前,必须详细检查各转动部件、电器部件是否符合安装要求,并对在场人员发出警示,然后按说明书要求进行试机。

(9) 电气设备故障修理必须找维修电工,不准擅自将插座、插头拆卸不用,不准直接将电线插入插座内使用。

(10) 在交叉作业和多层作业时,应戴安全帽,并注意统一指挥。登高作业要先检查梯子是否结实,系好安全带,工具材料不准直接放在人字梯等可移动的设施上,以免坠物伤人。安装、拆卸大型机械设备时,要和起重工密切配合。

(11) 设备检修完毕,所有的安全防护装置、声光信号、安全阀、爆破片等均应恢复到正常状态。

(12) 工作场地要清洁、整齐,拆卸零件要存放好,搞好文明生产。

七、冲压作业的安全技术

1. 冲压作业的危险因素和事故特点

冲压作业的特点是:速度快,生产效率高,操作工序简单,劳动量大,操作多用人工,易发生失误动作,造成人身或设备事故。

冲压作业的主要危险因素有:

(1) 设备结构具有的危险。很多冲压设备采用的是刚性离合器,一定要完成一个循环动作后才会停止。假如在此循环中的下冲程,手不能及时从模具中抽出,就必然会发生伤手事故。

(2) 动作失控。设备在运行中会受到经常性的强烈冲击和振动,使一些零部件变形、磨损甚至碎裂,引起设备动作失控而发生事故。

(3) 开关失灵。设备的开关控制系统由于人为或外界因素引起误动作。

(4) 模具的危险。由于模具设计不合理或有缺陷,可增加受伤的可能性。

冲压事故可能发生在冲压设备的各个危险部位,但以发生在模具的下行程为绝大多数,且伤害部位主要是在作业者的手部。当操作者的手处于模具行程之间时模块下落,就会造成冲手事故。

2. 冲压作业的安全技术要求

(1) 开始操作前,必须认真检查防护装置是否完好,离合器制动装置是否灵活和安全可靠。应把工作台上的一切不必要的物件清理干净，以防工作时将其振落到脚踏开关上，造成冲床突然启动而发生事故。

（2）冲压小工件时不得用手，应该使用专用工具，最好安装自动送料装置。

（3）操作者对脚踏开关的控制必须小心谨慎，装卸工件时，脚应离开脚踏开关。严禁他人在脚踏开关周围停留。

（4）如果工件卡在模子里，应用专用工具取出，不准用手拿，并应将脚从脚踏开关上移开。

八、电的危害和电气事故

生产和生活都离不开电的使用。但是，如果不能正确地认识电、使用电，它也会给人们造成伤害。例如，人体接受过量的电流，可能会造成电击伤；电能转换为热能作用于人体，可致使人体烧伤或灼伤；电气设备可产生电磁波，过量的电磁辐射会造成人体机能的损害。

当人体的接触电流达到 0.5～1 mA 时，人就有手指、手腕麻或痛的感觉；当电流增至 8～10 mA 时，针刺感、疼痛感增强，肌体发生痉挛，会抓紧带电体，但终能摆脱带电体；当接触电流达到 20～30 mA 时，会使人迅速麻痹而不能摆脱带电体，而且血压升高，呼吸困难；当接触电流超过 50 mA 时，就会使人呼吸麻痹，身体震颤，数秒钟后就可使人致命。

人体触电时间越长，危害越大。电流通过人体最危险的途径是从手到脚，其次是从手到手，危险最小的是从脚到脚。工频电比直流电、高频电对人体的危害大。

根据电能的不同作用形式，可将电气事故分为触电事故、静电事故、雷电事故、电磁场危害和电气系统故障危害等。

1. 触电事故

触电事故是最常见的电气事故，分为电击和电伤两大类。

（1）电击。电击是电流通过人体，刺激机体组织，使肌肉非自主地发生痉挛性收缩而造成的伤害，严重时会破坏人的心脏、肺部、神经系统的正常工作，形成危及生命的伤害。

（2）电伤。电伤是通过电流的热效应、化学效应、机械效应等对人体造成的伤害。

2. 静电事故

（1）在有爆炸和火灾危险的场所，静电放电火花会成为可燃性物质的点火源，造成爆炸和火灾事故。

（2）人体因受到静电电击的刺激，引发二次事故，如坠落、跌伤等。此外，对静电电击的恐惧心理还对工作效率产生不利影响。

（3）在某些生产过程中，静电的物理现象会对生产产生妨碍，导致产品质量不良，电子设备损坏，造成生产故障，乃至停工。

3. 雷电事故

雷电是大气中的一种放电现象。雷电放电具有电流大、电压高的特点，其能量释放出来可能形成极大的破坏力。雷击除可能毁坏设施和设备外，还可能直接伤及人、畜，甚至引起火灾和爆炸。

4. 电磁辐射危害

电磁辐射危害是指电磁波形式的能量辐射造成的危害。辐射电磁波指频率在 100 kHz 以上的电磁波，高频金属加热设备、高频介质加热设备具有电磁辐射危险。高频电磁波除对人体有伤害外，还能造成感应放电和高频干扰。

5. 电气系统故障危害

电气系统故障危害是由于电能在输送、分配、转换过程中失去控制而产生的，主要体现在以下几方面：

(1) 引起火灾和爆炸。

(2) 异常带电。

(3) 异常停电。

◎事故案例

某修理工王某想利用中午大家都去食堂吃饭的时间停电检修一台设备。而另一名修理工李某因上午请了假，不知王某正在停电检修设备。由于天气较热，李某赶回车间时满身大汗，于是打开电扇纳凉，结果发现没电。于是他把电闸合上。由于修理工王某蹲在设备的后面维修电机，李某在合上电闸之前没有发现他，结果导致修理工王某触电当场身亡。

九、触电事故预防措施

1. 触电事故的主要原因

造成触电事故的主要原因有：

(1) 缺乏电气安全知识。例如，带电拉高压开关、用手触摸被破坏的胶盖闸刀等。

(2) 违反操作规程。例如，在高压线附近施工或运输大型货物，施工工具或货物碰击高压线；带电接临时照明线及临时电源；火线误接在电动工具外壳上等。

(3) 维护不良。例如，大风刮断的低压线路未能及时修理；胶盖开关破损长期不予修理；线路老化，未及时更换等。

(4) 电气设备存在安全隐患。例如，电气设备漏电；电气设备外壳没有接地而带电；刀开关或磁力启动器缺少护壳；电线或电缆破损、腐蚀等。

◎**事故案例**

2003年5月15日，大连市某厂新建厂房工地，正在作业的汽车吊碰到高压线，造成2名作业人员触电死亡。在这起事故中，安装公司汽车吊司机李某的安全意识淡薄，在驾车到达施工现场后，对作业现场的周边环境观察不仔细，在高压线附近进行吊装是造成该事故的直接原因。

2. 预防触电的技术措施

预防触电的技术措施主要有：

(1) 直接接触电击预防技术

1) 绝缘。在任何情况下，绝缘电阻不得低于每伏工作电压 $1\,000\,\Omega$，并应符合专业标准的规定。

2) 屏护。屏护是采用遮拦、护罩、护盖、箱闸等将带电体同外界隔绝开来。

3) 间距。在低压操作中，人体及其所携带工具与带电体的距离不应小于 $0.1\,m$。

(2) 间接接触电击预防技术

1) 保护接地（IT 系统）。

2) TT 系统。

3) 保护接零（TN 系统）。

(3) 其他电击预防技术

1) 双重绝缘和加强绝缘。双重绝缘是指工作绝缘（基本绝缘）

和保护绝缘（附加绝缘）。

2）安全电压。

3）电气隔离。电气隔离指工作回路与其他回路实现电气上的隔离。

4）漏电保护（剩余电流保护）。漏电保护装置主要用于防止间接接触电击和直接接触电击。

◎事故案例

2004年7月18日，某钢铁厂工人隋某操作混凝土搅拌机，当双手扳动手轮时，突然触电死亡。事故后测试手轮对地电压为159 V，搅拌机未接地，未使用漏电保护器，是导致触电事故发生的根本原因。

十、作业场所用电注意事项

（1）未经电工特种作业培训、考核合格并取得上岗证的人员，不得从事电工作业。

（2）车间内的电气设备不得随意乱动。如果电气设备出了故障，应请电工修理，不得私自修理，更不能带故障运行。

（3）当电气设备或电路系统中熔丝（保险丝）熔断后，禁止用铜丝和铁丝代替熔丝使用。

（4）电工进行作业前必须验电。任何电气设备在未验明没有通电之前，应一律认为有电，不要盲目触及；对"禁止合闸""有人操作"等标牌，无关人员不得移动。

（5）电气设备必须有保护性接地、接零装置，并进行检查，以保证连接的牢固。

（6）需要移动某些非固定安装的电气设备，如照明灯、电焊机等时，必须先切断电源再移动，同时要防止导线被拉断。

(7) 作业人员经常接触和使用的配电箱、配电板、刀开关、按钮开关、插座、插头以及导线等必须保持安全完好，不得有破损或使带电部分裸露。

(8) 在雷雨天切忌走近高压电线杆、铁塔、避雷针等处，应至少远离其 20 m，以免发生跨步电压触电。

(9) 发生电气火灾时，应立即切断电源，用黄沙或二氧化碳、四氯化碳灭火器灭火。切不可用水或泡沫灭火器灭火。

◎事故案例

某日，某电厂电除尘运行人员发现 3 号炉三电场的二次电压降至零。在 4 个电场的电除尘器中，当有 1 个电场退出运行时，除尘效率就会受到一定影响。由于在夜间不方便施工，该人员便安排一名夜间检修值班人员处理该缺陷。在没有监护人员的情况下，检修人员进入电除尘器绝缘子室处理 3 号炉三电场阻尼电阻故障时，由于其仅将三电场停电，造成检修人员与未停电的二电场套管接触而发生触电事故，经抢救无效死亡。

十一、防静电措施

1. 静电的危害

在生产工艺过程中和工作人员操作过程中，由于某些材料的相对运动、接触与分离等原因，会形成静电。静电不会直接使人致命，但是，静电电压可能高达数万乃至数十万伏，可能在现场发生放电现象，产生静电火花。静电危害事故主要体现在以下几个方面：

(1) 在有爆炸和火灾危险的场所，静电放电火花会成为可燃性物质的点火源，造成爆炸和火灾事故。

（2）人体因受到静电电击的刺激，引发二次事故，如坠落、跌伤等。此外，对静电电击的恐惧心理还会对工作效率产生不利影响。

（3）在某些生产过程中，静电的物理现象会对生产产生妨碍，导致产品质量不良，电子设备损坏，造成生产故障，乃至停工。

2. 防静电的措施

（1）环境危险程度的控制。为了防止静电的危害，可采取取代易燃介质、降低爆炸性混合物的浓度、减少氧化剂含量等措施控制所在环境的爆炸和火灾危险性。

（2）工艺控制。工艺控制是从工艺上采取适当的措施，限制和避免静电的产生和积累。

（3）接地和屏蔽。

（4）增湿。随着湿度的增加，绝缘体表面上形成薄薄的水膜，它能使绝缘体的表面电阻大大降低，导电性增强，加速静电的泄漏。

（5）抗静电添加剂。抗静电添加剂是化学药剂，具有良好的导电性或较强的吸湿性。

（6）静电中和器。静电中和器又叫静电消除器，是能产生电子和离子的装置。由于产生了电子和离子，物料上的静电电荷得到相反极性电荷的中和，从而消除静电的危险。

◎**事故案例**

2000年10月31日，某石化厂机修车间一名女职工提着一个带塑料柄挂钩的方形铁桶，来到炼油三厂Ⅱ催化粗汽油阀取样口下，打算放出一些汽油作为大泵维修过程清洗工具之用。当该女职工将铁桶挂到取样阀门上，打开手阀放油不久，油桶即着火。现场炼油二厂一技术员见状，迅速打开一旁的事故消防蒸汽软管，该女职工在消防蒸汽的掩护下，很快关掉了取样阀门，并和该技术员一起，用干粉灭火器和消防毛毡将火扑灭。

这是一起典型的由于阀门开度过大、汽油流速过快而导致静电荷积聚，产生火花放电而引发的事故，虽然现场扑救及时得当，没有让事态进一步扩大而造成危害，但反映出个别职工安全意识还不够高，对静电放电的机理以及造成的危害认识不深。

十二、防雷电措施

1. 雷电的破坏作用

雷电是大气中的一种放电现象。雷电放电具有电流大、电压高等特点。其能量释放出来后，可能产生极大的破坏力。其破坏作用主要体现在以下几个方面：

(1) 直击雷放电、二次放电、雷电流的热量会引起火灾和爆炸。

(2) 雷电的直接击中、金属导体的二次放电、跨步电压的作用及火灾与爆炸的直接作用，均会造成人员的伤亡。

(3) 强大的雷电流、高电压可导致电气设备击穿或烧毁。发电机、变压器、电力线路等遭受雷击，可导致大规模停电事故。雷击可直接毁坏建筑物、构筑物。

2. 防雷电措施

防止雷电伤害的主要措施有：

(1) 为了防止直击雷的伤害，可以装设避雷针、避雷线、避雷网、避雷带。

(2) 为了防止二次放电，必须保证接闪器、接地装置等与邻近导体之间有足够的安全距离。

(3) 变、配电装置使用阀型避雷器，以防止雷电冲击波的危害。

(4) 在遇雷雨天或作业场所中有跨步电压触电危险时，可采用单足或并足跳的方法逃离危险区。

(5) 在室外遇雷雨时，要及时躲避。在空旷的野外无处躲避时，应尽量寻找低洼之处，或者立即蹲下。不要使用手机。

十三、电气装置安全

1. 配电柜（箱）安全技术

配电柜（箱）分为动力配电柜（箱）和照明配电柜（箱）两大类，是配电系统的末级设备，其主要安全要求有：

(1) 配电柜（箱）应用不可燃材料制作。

(2) 触电危险性小的生产场所和办公室可安装开启式的配电板。

(3) 触电危险性大或作业环境较差的加工车间、铸造、锻造、热处理、锅炉房、木工房等场所，应安装封闭式箱柜。

(4) 有导电性粉尘或产生易燃易爆气体的危险作业场所必须安装密闭式或防爆型的电气设施。

(5) 配电柜（箱）各电气元件、仪表、开关和线路应排列整齐、安装牢固、操作方便，配电柜（箱）内应无积尘、积水和杂物。

(6) 落地安装的配电柜（箱）底面应高出地面 50～100 mm，操作手柄中心高度一般为 1.2～1.5 m，柜（箱）前方 0.8～1.2 m 的范围内无障碍物。

(7) 保护线连接可靠。

(8) 配电柜（箱）以外不得有裸带电体外露，装设在柜（箱）外表面或配电板上的电气元件，必须有可靠的屏护。

(9) 配电柜（箱）的门应完好，门锁应由专人保管。

2. 手持电动工具的安全使用

手持电动工具包括手电钻、手砂轮、冲击电钻、电锤、手电锯等，其安全使用要求有：

(1) 使用任何手持电动工具都必须执行安全技术操作规程，操作者应穿戴好绝缘鞋、绝缘手套等劳动防护用品，并站在绝缘板上操作。

(2) 手持电动工具的电源要安装漏电保护器，工具的金属外壳应保护接地或接零；手持电动工具配用的导线、插头、插座应符合要求。

(3) 首次使用手持电动工具前，应检测手持电动工具的接零和绝缘情况，确认无误后才能使用。

(4) 手持电动工具的导线必须使用绝缘橡胶护套线，禁止使用塑料护套线；导线两端要连接牢固，内部接头要正确，特别是手柄尾部的电缆护套要完好。

(5) 手持电动工具的电缆线不应有接头，长度不宜超过 5 m。

(6) 挪动手持电动工具时只能手提握柄，不得拉扯导线，也不要过分翻转，避免手柄内电源接头缠、扯脱落，使机壳带电或发生短路。还要防止手持电动工具的工作端对人体造成机械伤害。

(7) 在易燃易爆工作环境中切不可使用手持电动工具，以免产生火花，酿成火灾爆炸事故。

◎事故案例

某日，非电工的于某违章接线，误将地线接火线，造成砂轮机外壳带电。这时，操作工张某使用手提砂轮机进行作业，由于他未戴绝缘手套，脚上穿的是布底鞋，在于某合闸后就触电倒地身亡。在这起事故中，张某使用手持电动工具，未戴绝缘手套、未穿绝缘鞋进行违章作业是发生触电事故的原因之一。

3. 刀开关的安全技术

刀开关是手动开关，包括胶盖刀开关、石板刀开关、铁壳开关、转扳开关、组合开关等，其安全使用要求有：

(1) 刀开关下方应装有熔体或熔断器。

(2) 对于容量较大的线路，刀开关须与有切断短路电流能力的其他开关串联使用。

(3) 用刀开关操作异步电动机及其他有冲击电流的动力负荷时，刀开关的额定电流应大于负荷电流的3倍，并应该在刀开关上方另装一组熔断器。

(4) 刀开关所配用的熔断器和熔体的额定电流不得大于开关的额定电流。

第五节　防火防爆安全技术

一、火灾的基本概念

1. 火灾三要素

火灾是指在时间或空间上失去控制的燃烧所造成的灾害。燃烧和火灾发生必须同时具备可燃物、助燃物（氧化剂）、点火源这3个要素。

(1) 可燃物。如木材、纸张、汽油等。这些物质中的碳、氢、硫等元素在高温下能与氧气发生化合反应，形成燃烧。

(2) 助燃物。如空气（氧气）、氯气、高锰酸钾等。可燃物质要完全燃烧，必须要有充足的空气；当空气不足时，燃烧会逐渐减弱，甚至熄灭。当空气中的氧气含量低于 14%～18% 时，可燃物质就不会燃烧。

（3）点火源。如明火、电火花等。要使可燃物质燃烧，需要具有足够的温度和热量。

火灾的三要素中缺少任何一个，燃烧就不能发生和维持，因此，火灾的三要素是燃烧的必要条件。在火灾防治中，如果能够阻断三要素中的任何一个要素，就可以预防火灾。

2. 火灾的分类

根据国家标准（GB 4968—1985）《火灾分类》的规定，按物质的燃烧特性，将火灾分为 A、B、C、D 四类：

（1）A 类火灾。指固体物质火灾。这种物质往往具有有机物性质，一般在燃烧时能产生灼热的余烬，如木材、棉、毛、麻、纸张火灾等。

（2）B 类火灾。指液体火灾和可熔化的固体物质火灾，如汽油、煤油、原油、甲醇、乙醇、沥青、石蜡火灾等。

（3）C 类火灾。指气体火灾，如煤气、天然气、甲烷、乙烷、丙烷、氢气等。

（4）D 类火灾。指金属火灾，如钾、钠、镁、钛、锆、锂、铝镁合金火灾等。

3. 引起火灾的因素

在生产中，引起火灾的因素主要是点火源，常见点火源有以下 8 种：

（1）明火。例如火炉、火柴、烟道喷出火星、气焊和电焊喷火等。

(2) 高热物及高温表面。例如加热装置、高温物料的输送管、冶炼厂或铸造厂里熔化的金属等。

(3) 电火花。例如高电压的火花放电、开闭电闸时的弧光放电等。

(4) 静电火花。例如液体流动引起的带电、人体的带电等静电火花。

(5) 摩擦与撞击。例如机器上轴承转动的摩擦、磨床和砂轮的摩擦、铁器工具相撞等。

(6) 物质自行发热。例如油纸、油布、煤的堆积，金属钠接触水发生反应等。

(7) 绝热压缩。如硝化甘油液滴中含有气泡时，被落锤冲击受到绝热压缩，瞬时升温，可使硝化甘油液滴被加热至着火点而爆炸。

(8) 化学反应热及光线和射线等。

◎事故案例

1997年5月26日，太原某钢铁公司热连轧厂由于1号加热炉助燃风机的电动定子绕组绝缘严重老化，绕组4个部位匝间短路引起大电流冲击，造成为其供电的干式变压器绝缘击穿起火，引燃上方电缆，发生火灾，直接财产损失达575.3万元。

二、灭火的基本方法

发生火灾后，要运用正确的方法进行灭火。灭火的基本原理主要是破坏燃烧过程及维持物质燃烧的条件。通常采用以下4种方法。

1. 冷却法

这种灭火法的原理是将灭火剂直接喷射到燃烧的物体上，以降低燃烧的温度于燃点之下，使燃烧停止。或者将灭火剂喷洒在火源附近的物质上，使其不因火焰热辐射作用而形成新的火点。冷却灭火法是灭火的一种主要方法，常用水、泡沫和二氧化碳做灭火剂冷却降温灭火。灭火剂在灭火过程中不参与燃烧过程中的化学反应。这种方法属于物理灭火方法。

2. 隔离法

隔离灭火法是将正在燃烧的物质和周围未燃烧的可燃物质隔离或移开，中断可燃物质的供给，使燃烧因缺少可燃物而停止。具体方法有：

（1）把火源附近的可燃、易燃、易爆和助燃物品搬走。

（2）关闭可燃气体、液体管道的阀门，以减少和阻止可燃物质进入燃烧区。

（3）设法阻拦流散的易燃、可燃液体。

（4）拆除与火源毗连的易燃建筑物，形成防止火势蔓延的空间地带。

3. 窒息法

窒息灭火法是阻止空气流入燃烧区，或用不燃物质隔绝或冲淡空气，使燃烧物得不到足够的氧气而熄灭的灭火方法。具体方法是：

（1）用沙土、水泥、湿麻袋、湿棉被等不燃或难燃物质覆盖燃烧物。

（2）喷洒雾状水、干粉、泡沫等灭火剂覆盖燃烧物。

（3）用水蒸气或氮气、二氧化碳等惰性气体灌注发生火灾的容器、设备。

（4）密闭起火建筑、设备和孔洞。

（5）把不燃的气体或不燃液体（如二氧化碳、氮气、四氯化碳等)喷洒到燃烧物区域内或燃烧物上。

4. 化学抑制法

物质的有焰燃烧中的氧化反应,都是通过链式反应进行的。如果能够有效地抑制链式反应,即抑制自由基的产生或迅速降低火焰中维持燃烧反应的自由基的浓度,就会终止燃烧,达到灭火目的。

用含氟、氯、溴的化学灭火剂(如1211等)喷向火焰,让灭火剂参与燃烧反应,从而抑制燃烧过程,使火迅速熄灭。

上述4种方法有时是可以同时采用的。例如,用水或灭火器扑救火灾,就同时具有两个方面以上的灭火的作用。但是,在选择灭火方法时,还要视火灾的原因采取适当的方法,不然就可能适得其反,扩大灾害。例如,对电器火灾,就不能用水浇的方法,而宜用窒息法;对油火,宜用化学灭火剂等。冶金企业要根据各自的特点预先做好准备,以防一旦事发而措手不及。

◎相关知识

碳氢化合物的气体或蒸气在热和光的作用下,分子被活化分裂出活泼氢自由基H^-,H^-与氧作用生成OH^-和O^-。OH^-、O^-等自由基成为链式反应的媒介物而使反应迅速进行。反应的结果生成水、二氧化碳以及燃烧物中所含有的其他元素的氧化物。对于含氢的化合物,O^-的浓度决定了燃烧的速度。

三、灭火器的配备

灭火器由筒体、器头、喷嘴等部件组成,借助驱动压力将所充装的灭火剂喷出,达到灭火的目的。灭火器是扑救初起火灾的重要消防器材,按所充装的灭火剂来分,可分为泡沫、干粉、卤代烷、二氧化碳、酸碱、清水等几类。

应根据不同类型的火灾来选择灭火器：

（1）扑救 A 类火灾应选用水、泡沫、磷酸铵盐干粉灭火剂。

（2）扑救 B 类火灾应选用干粉、二氧化碳、泡沫灭火剂。扑救极性溶剂 B 类火灾不得选用化学泡沫灭火剂，应选用抗溶性泡沫灭火剂。

（3）扑救 C 类火灾应选用干粉、二氧化碳灭火剂。

（4）扑救 D 类火灾应选用粉末型灭火剂、7150 灭火剂以及沙、土等。

◎相关知识

俗话说水火不相容，但自然界就有这种物质，沾水就能着火。这是因为遇水着火的物质与水接触时能起化学反应，并产生可燃气体和热量而引起燃烧。属于这类物质的有以下几种：

（1）碱金属和碱土金属。如锂、钠、钾、钙、锶、镁等，它们与水反应生成大量的氢气，遇点火源就会燃烧爆炸。

（2）氢化物。如氢化钠与水接触能放出氢气并产生热量，使氢气自燃。

（3）碳化物。如碳化钙、碳化钾、碳化钠等。碳化钙（电石）与水接触能生成乙炔，这种气体能燃烧或爆炸。

（4）磷化物。如磷化钙、磷化锌等，它们与水作用生成磷化氢，而这种气体在空气中能够自燃。

四、常用灭火器的使用和维护保养

1. 泡沫灭火器

泡沫灭火器是指灭火器内充装的灭火剂为泡沫灭火剂。泡沫灭火器有化学泡沫灭火器和空气泡沫灭火器两种。

化学泡沫灭火器内装硫酸铝（酸性）和碳酸氢钠（碱性）两种化学药剂。使用时，两种溶液混合引起化学反应产生泡沫，并在压力作用下喷射出去进行灭火。空气泡沫灭火器充装的是空气泡沫灭火剂，它的性能优良，保存期长，灭火效力高，使用方便，是化学泡沫灭火器的更新换代产品。它可根据不同需要充装蛋白泡沫、氟蛋白泡沫、聚合物泡沫、轻水（水成膜）泡沫和抗溶性泡沫等。泡沫灭火器的适用范围是B类、A类火灾；不适用带电火灾和C类、D类火灾。抗溶泡沫灭火器还可以扑救水溶性易燃、可燃液体火灾。

化学泡沫灭火器的使用方法如下：手提筒体上部的提环靠近火场，在距着火点10 m左右，将筒体颠倒过来，一只手握紧提环，另一只手握住筒体的底圈，将射流对准燃烧物。在扑救可燃液体火灾时，如已呈流淌状燃烧，则将泡沫由远及近喷射，使泡沫完全覆盖在燃烧液面上；如在容器内燃烧，应将泡沫射向容器内壁，使泡沫沿容器内壁流淌，逐步覆盖着火液面。切忌直接对准液面喷射，以免由于射流的冲击而将燃烧的液体冲出容器，扩大燃烧范围。在扑救固体火灾时，应将射流对准燃烧最猛烈处进行灭火。在使用过程中，灭火器应当始终处于倒置状态，否则会中断喷射。

化学泡沫灭火器的维护保养要求如下：

（1）放置于阴凉、干燥、通风并取用方便的部位。不可靠近高温或受日光暴晒以防碳酸氢钠分解，冬季要防冻，并定期检查喷嘴是否堵塞，使之保持通畅。

（2）每年定期检查碳酸氢钠溶液是否失效。检查方法是从筒体内取出3份碳酸氢钠溶液，在瓶胆内取出一份硫酸铝溶液，将两种溶液迅速一起倒入量杯内，看产生的泡沫是否大于4份溶液体积的6倍以上。如小于6倍，则应更换灭火剂。

（3）每次更换灭火药剂或使用期已满2年以上的，应每年进行水压试验，试验压力为该灭火器试验压力的1.5倍，试验合格后方可继续使用，并在灭火器上标明试压日期。

空气泡沫灭火器的使用方法如下：将灭火器提到距着火物6 m左右，拔出保险销，一手握住开启压把，另一只手紧握喷枪，用力捏紧开启压把，打开密封或刺穿储气瓶密封片，空气泡沫即可从喷枪中喷出。灭火方法与化学泡沫灭火器相同。但与化学泡沫灭火器不同的是，空气泡沫灭火器在使用时，灭火器应当是直立状态的，不可颠倒或横卧使用，否则会中断喷射；也不能松开开启压把，否则也会中断喷射。

空气泡沫灭火器的维护保养要求如下：

（1）灭火器应当放置在阴凉、干燥、通风并取用方便的部位。环境温度应为4～40℃，冬季应注意防冻。

（2）定期检查喷嘴是否堵塞，使之保持通畅。每半年检查灭火器是否有工作压力。对储压式空气泡沫灭火器只需检查压力显示表，如表针指向红色区域应及时进行修理；对储气瓶式空气泡沫灭火器，则要打开器盖检查二氧化碳储气瓶，检查称重是否与钢瓶上的质量一致，如小于钢瓶总质量25 g以上的，应当进行检查修理。

（3）每次更换灭火剂或者出厂已满3年的，应对灭火器进行水压强度试验，水压强度合格才能继续使用。

（4）灭火器的检查应当由经过培训的专业人员进行，维修应由取得维修许可证的专业单位进行。

2. 二氧化碳灭火器

二氧化碳灭火器利用其内部充装的液态二氧化碳的蒸气压将二氧化碳喷出灭火。由于二氧化碳灭火剂具有灭火不留痕迹,并有一定的电绝缘性能等特点,因此,更适宜于扑救 600 V 以下的带电电器、贵重设备、图书资料、仪器仪表等场所的初起火灾,以及一般可燃液体的火灾。即其适用范围是 A 类、B 类火灾和低压带电火灾。

二氧化碳灭火器有手提式和推车式两种,手提式二氧化碳灭火器的质量一般不超过 28 kg,使用时由操作者手提。推车式二氧化碳灭火器的质量一般均超过 60 kg,使用时由操作者推着或拉着移动。

手提式二氧化碳灭火器有 2 kg、3 kg、5 kg、7 kg 四种规格。使用手提式二氧化碳灭火器时,将灭火器提到或扛到火场,在距燃烧物 5 m 左右放下灭火器,拔出保险销,一手握住喇叭筒根部的手柄,另一只手紧握启闭阀的压把,对没有喷射软管的二氧化碳灭火器,应把喇叭筒往上扳 70°~90°。使用时,不能直接用手抓住喇叭筒外壁或金属连接管,以防止手被冻伤。灭火时,当可燃液体呈流淌状燃烧时,使用者应将二氧化碳灭火剂的喷流由近而远向火焰喷射;如果可燃液体在容器内燃烧时,使用者应将喇叭筒提起,从容器的一侧上部向燃烧的容器中喷射,但不能将二氧化碳射流直接冲击在可燃液面上,以防止可燃液体冲出容器而扩大火势,造成灭火困难。

推车式二氧化碳灭火器一般由两个人操作,使用时由两人一起将灭火器推或拉到燃烧处,在离燃烧物 10 m 左右停下,一人快速取下喇叭筒并展开喷射软管后,握住喇叭筒根部的手柄,另一人快速按顺时针方向旋动手轮,并开到最大位置。灭火方法与手提式二氧化碳灭火器的方法相同。

使用手提式二氧化碳灭火器时,在室外使用的,应选择在上风方

向喷射;在室内窄小空间使用的,灭火后操作者应迅速离开,以防窒息。使用过程中应注意以下几点:

(1) 应设法使二氧化碳尽量多地喷射到燃烧区域内,使之达到灭火浓度而使火焰熄灭。

(2) 灭火器在喷射过程中应始终保持直立状态,切不可平放或颠倒使用。

(3) 不要用手直接握喷筒或金属管,以防冻伤手。

(4) 在室外使用时,应在上风方向喷射(如在室外大风条件下使用,则灭火效果很差,因为喷射的二氧化碳气体易被风吹散)。

(5) 在狭小的室内使用时,灭火后操作者应迅速撤离,以防过多吸入二氧化碳窒息而发生意外。

(6) 扑救室内火灾后,应先打开门窗通风,然后人再进入,以防窒息。

二氧化碳灭火器的维护保养要求如下:

(1) 灭火器存放在阴凉、干燥、通风处,不得接近火源,环境温度应在$-5 \sim 45\,℃$之间。

(2) 灭火器应每半年检查一次质量,用称重法检查。称出的质量与灭火器钢瓶底部印制的钢印总质量相比较,如果低于钢印所示量50 g的,应送维修单位检修。

(3) 每次使用后或每隔5年,应送维修单位进行水压试验。水压试验压力应与钢瓶底部所打钢印的数值相同,水压试验同时还应对钢瓶的残余变形率进行测定,只有水压试验合格且残余变形率小于6%的钢瓶才能继续使用。

3. 清水灭火器

清水灭火器由保险帽、提圈、筒体、二氧化碳气体储气瓶和喷嘴等部件组成。清水灭火器的筒体中充装的是清洁的水，所以称为清水灭火器。它主要用于扑救固体物质火灾，如木材、棉麻、纺织品等的初起火灾。

清水灭火器的使用方法如下：

(1) 将清水灭火器提至火场，在距燃烧物大约 10 m 处将灭火器直立放稳。

注意：灭火器不能放在离燃烧物太远处，这是因为清水灭火器的有效喷射距离在 10 m 左右，否则，清水灭火器喷出的水喷不到燃烧物上。

(2) 摘掉保险帽，用手掌拍击开启顶端的凸头，这时清水便从喷嘴喷出。

(3) 当清水从喷嘴喷出后，立即用一只手提起灭火器筒盖上的提圈，另一只手托起灭火器的底圈，将喷射的水流对准燃烧最猛烈处喷射。因为清水灭火器有效喷水时间仅有 1 min，所以当灭火器有水喷出时，应迅速将灭火器提起，将水流对准燃烧最猛烈处喷射。

(4) 随着灭火器喷射距离的缩短，操作者应逐渐向燃烧物靠近，使水流始终喷射在燃烧处，直至将火扑灭。

(5) 清水灭火器在使用过程中应始终与地面保持大致垂直的状态，不能颠倒或横卧，否则会影响水流的喷出。

4. 卤代烷灭火器

凡内部充装卤代烷灭火剂的灭火器统称为卤代烷灭火器，常用的有 1211 和 1301 灭火器。

1211 灭火器利用装在筒体内的氮气压力将 1211 灭火剂喷出灭

火。由于1211灭火剂是化学抑制灭火，其灭火效率很高，且具有无污染、绝缘等优点，可适用于除金属火灾外的所有火灾，尤其适用于扑救精密仪器、计算机、珍贵文物及贵重物资仓库等的初起火灾。

1211灭火器在使用时，应手提灭火器的提把或肩扛灭火器将灭火器带到火场。在距燃烧物5 m左右，放下灭火器，先拔出保险销，一只手握住开启压把，另一只手握在喷射软管前端的喷嘴处，如灭火器无喷射软管，可一只手握住开启压把，另一只手扶住灭火器底部的底圈部分。先将喷嘴对准燃烧处，用力握紧开启压把，使灭火器喷射。当被扑救可燃液体呈流淌状燃烧时，使用者应对准火焰由近而远并左右扫射，向前快速推进，直至火焰全部扑灭。如果可燃液体在容器中燃烧，应对准火焰左右晃动扫射，当火焰被赶出容器时，喷射流跟着火焰扫射，直至把火焰全部扑灭，但应注意不能将喷流直接喷射在燃烧液面上，以防止灭火剂的冲力将可燃液体冲出容器而扩大火势，造成灭火困难。如果扑救可燃固体物质的初起表面火灾时，则将喷流对准燃烧最猛烈处喷射，当火焰被扑灭后，应及时采取措施，不让其复燃。

1211灭火器使用时不能颠倒，也不能横卧，否则灭火剂不会喷出。另外，在室外使用1211灭火器时，应选择在上风方向喷射，在窄小空间的室内灭火时，灭火后操作者应迅速撤离，因1211灭火剂也有一定毒性，会对人体造成伤害。

1211灭火器的维护保养要求如下：

（1）应存放在通风、干燥、阴凉及取用方便的场合，环境温度应在$-10 \sim 45 ℃$之间为好。

（2）不要存放在加热设备附近，也不应放在有阳光直晒的部位及有强腐蚀性的地方。

（3）每隔半年左右检查灭火器上显示内部压力的显示器，如发现指针已降到红色区域时，应及时送维修部门检修。

（4）每次使用后，不管是否有剩余，均应送维修部门进行再充装，每次再充装前或出厂3年以上的，应进行水压试验，试验压力与标签上所标的值相同，试验合格方可继续使用。

（5）如灭火器上无内部压力显示表的，可采用称重的方法，当称出的质量小于标签所标明质量的90%时，应送维修部门修理。在实际购买时，应选购有内部压力显示表的1211灭火器为好。

1301灭火器内部充入的灭火剂为三氟溴甲烷，该灭火剂为无色透明状液体，但它的沸点较低，蒸气压力较高，因此，1301灭火器筒体受压较大，其壁厚也较厚，尤其应注意不能将1301灭火剂充灌到1211灭火器筒体内，否则极易发生爆炸危险。

1301灭火器的使用方法和适用范围与1211灭火器相同，但由于1301灭火剂喷出成汽雾状，在室外有风状态下使用时，其灭火能力没有1211灭火器高，因此，更应在上风方向喷射。1301灭火器的维护方法也与1211灭火器相同。

应该注意，1211灭火器和1301灭火器不能用于扑救下列物质引起的火灾：

（1）无空气仍然迅速氧化的物质，如硝酸纤维、火药等。

（2）活泼金属，如钾、钠、镁、钛等。

（3）金属的氢化物，如氢化钾、氢化钠等。

（4）能自行分解的化学物质，如某些过氧化物、联氨等。

（5）能自燃的物质，如磷等。

（6）强氧化剂，如氧化亚氮、氟等。

5. 干粉灭火器

干粉灭火器以液态二氧化碳或氮气作为动力，将灭火器内的干粉灭火剂喷出进行灭火。它适用于扑救石油及其制品、可燃液体、可燃气体、可燃固体物质的初起火灾等。由于干粉有5万伏以上的电绝缘性能，因此，也能扑救带电设备火灾。这种灭火器广泛应用于工厂、矿山、油库及交通等场所。

干粉灭火器的适用范围如下：碳酸氢钠干粉灭火器适用于易燃、可燃液体、气体及带电设备的初起火灾；磷酸铵盐干粉灭火器除可用于上述几类火灾外，还可扑救固体类物质的初起火灾。但碳酸氢钠干粉灭火器和磷酸铵盐干粉灭火器都不能扑救轻金属燃烧的火灾。

在使用干粉灭火器灭火时，可手提或肩扛灭火器快速奔赴火场，在距燃烧物5 m左右放下灭火器。如在室外，应选择在上风方向喷射。使用的干粉灭火器若是外挂式储气瓶的，操作者应一只手紧握喷枪，另一只手提起储气瓶上的开启提环。如果储气瓶的开启是手轮式的，则按逆时针方向旋开，并旋到最高位置，随即提起灭火器。当干粉喷出后，迅速对准火焰的根部扫射。使用的干粉灭火器若是内置式储气瓶的或者是储压式的，操作者应先将开启把上的保险销拔下，然后握住喷射软管前端喷嘴根部，另一只手将开启压把压下，打开灭火器进行喷射灭火。有喷射软管的灭火器或储压式灭火器在使用时，一只手应始终压下压把而不能放开，否则会中断喷射。

干粉灭火器扑救可燃、易燃液体火灾时，应对准火焰根部扫射。如被扑救的液体火灾呈流淌燃烧时，应对准火焰根部由近而远并左右扫射，直至把火焰全部扑灭。如果可燃液体在容器内燃烧，使用者应对准火焰根部左右晃动扫射，使喷射出的干粉流覆盖整个容器开口表面；当火焰被赶出容器时，使用者仍应继续喷射，直至将火焰全部扑灭。在扑救容器内可燃液体火灾时，应注意不能将喷嘴直接对准液体表面喷射，防止喷流的冲击力使可燃液体喷出而扩大火势，造成灭火困难。如果可燃液体在金属容器内的燃烧时间过长，容器壁温已高于被扑救可燃液体的自燃点，此时极易造成灭火后复燃的现象，则可与泡沫类灭火器联用，其灭火效果更佳。

干粉灭火器的维护保养要求如下：

(1) 灭火器应放置在通风、干燥、阴凉且取用方便的地方，环境温度以 $-5\sim45℃$ 为好。

(2) 灭火器应避免高温、潮湿和有严重腐蚀物的场合，防止干粉灭火剂结块、分解。

(3) 每半年检查干粉是否结块，储气瓶内的二氧化碳气体是否泄漏。检查二氧化碳储气瓶时，应将储气瓶拆下称重，查看称出的质量与储气瓶上钢印所标的数值是否相同，如小于所标值 7 g 以上的，应送维修部门修理。如系储压式的，则检查其内部压力显示表的指针是否指在绿色区域。如指针已指向红色区域，则说明内部压力已泄漏无法使用，应赶快送维修部门检修。

(4) 灭火器一经开启必须再充装，再充装时，绝对不能变换干粉灭火剂的种类，即碳酸氢钠干粉灭火器不能换装磷酸铵盐干粉灭火剂。

(5) 每次再充装前或灭火器出厂 3 年后，应对灭火器筒体和储气瓶分别进行水压试验。其水压试验压力应与该灭火器上标签或钢印所示的压力相同。水压试验合格后才能再次充装使用。

(6) 维护必须由经过培训的专人负责，修理、再充装应送专业维修单位进行。

五、初起火灾的扑救

发生火灾后，要及时使用本单位（地区）的灭火器材、设备进行扑救。有手动灭火系统的应立即启动，扑救方法主要有以下几种：

(1) 断绝可燃物。将燃烧点附近可能成为火势蔓延的可燃物移走；关闭和打开有关阀门；采用泥土、黄沙筑堤等方法，阻止流淌的可燃液体流向燃烧点。

(2) 冷却。使用本单位（地区）相关消防器材设施灭火；如缺乏消防器材设施，则应使用简单工具灭火，如水桶、面盆等。

(3) 窒息。使用泡沫灭火器喷射泡沫覆盖燃烧物表面；利用容器、设备的顶盖盖没燃烧区；利用毯子、棉被、麻袋等浸湿后覆盖在燃烧物表面；用沙、土覆盖燃烧物，对忌水物质则必须采用燥沙、土扑救。

(4) 扑打。对于小面积草地、灌木及其他固体可燃物的燃烧，在火势较小时，可用扫帚、树枝条、衣物进行扑打。

(5) 断电。如发生电气火灾，或者火势威胁到电气线路、电气设备，或电气影响灭火人员安全时，首先要切断电源。

(6) 阻止火势蔓延。

(7) 防爆。将受到火势威胁的易燃易爆物质、压力容器等疏散到安全地区；停止向受到火势威胁的压力容器和设备传输物料，并设法将容器内物料导走；停止对压力容器加温，打开冷却系统阀门，对压力容器设备进行冷却；有手动放空泄压装置的，应立即打开有关阀门放空泄压。

◎事故案例

2006年5月16日上午,柳州某汽车厂涂装车间违章动火,导致发生火灾,由于未能实施火灾初期的灭火措施,造成事故进一步扩大。过火面积278 m^2,直接财产损失900.39万元。

六、使用易燃物品的安全要求

(1) 在制造、使用易燃物品的建筑物内,电气设备应为防爆型电气装置,电热设备、电线、保险装置等都必须符合防火要求。

(2) 易燃物品的存放量不得超过一昼夜的用量,且不得放在过道上,不得靠近热源及受日光暴晒。

(3) 制造和使用易燃液体、可燃气体时,禁止使用明火蒸馏或加热,应使用水浴、油浴或蒸汽浴。使用油浴时,不得用玻璃器皿做浴锅;操作中应经常测量油浴的温度,不得让油温接近闪点。

(4) 各种易燃、可燃气体、液体的管道,不得有"跑、冒、滴、漏"现象。检查漏气时严禁用明火试验。气体钢瓶不得放在热源附近,或在日光下暴晒,使用氧气时禁止与油脂接触。

(5) 强氧化剂不得与可燃物质接触、混合。经易燃液体浸渍过的物品,不得放在烘箱内烘烤。

(6) 易燃物品的残渣(如钠、白磷、二硫化碳等)不准倒入垃圾箱内和污水池、下水道内,应放置在密闭的容器内或妥善处理。沾有油脂的抹布、棉丝、纸张应放在有盖的金属容器内,不得乱扔乱放,以防止自燃。

(7) 作业完毕后工作场所要收拾干净,关闭可燃气体、液体的阀门,清查危险物品并将其封存好,清洗用过的容器,断绝电源,关好门窗,经详细检查确保安全时,方可离去。

(8) 制造、使用易燃物品的车间，耐火程度要高，出入口一般不得少于两个，门窗向外开。在建筑物内外适宜的地方放置灭火工具，如四氯化碳、二氧化碳、干粉灭火器、砂箱等。

七、动火作业的安全要求

(1) 动火作业必须办理"动火作业许可证"。进入设备内、高处等进行动火作业，还应执行进设备内和高处作业的相关规定。

(2) 动火负责人对执行动火作业负责，必须在动火前详细了解作业内容和动火部位及其周围情况，参与动火安全措施的制定，落实动火分析及安全措施，并向动火执行人交代任务和动火安全注意事项。动火执行期间，动火负责人不准离开现场。

(3) 监火人负责动火现场的安全防火检查和对动火执行人的监护工作，并对现场防火负责。动火期间，监火人不准离开现场，作业完成后，监火人会同动火负责人对现场进行防火检查，消除残余明火、暗火，确认无火种时，方可离开现场。

(4) 高处进行动火作业，其下部地面如有可燃物、空洞、阴井、地沟、水封等，应检查并采取措施，以防火花溅落引起火灾爆炸事故。

(5) 在地面进行动火作业，当周围有可燃物时，应采取防火措施。动火点附近如有阴井、地沟、水封等，应进行检查，并根据现场的具体情况采取相应的安全防火措施，以确保安全。

◎**事故案例**

1994年7月7日，宝钢1#、3#高炉搭接工程原料输送系统发生火灾，使输送系统振动筛网全部烧毁，直接经济损失93万元。当天，十三冶六公司工人在白天焊接时不慎将火星弹落在输送带上，造成微燃，留下了事故隐患，在风力作用下 22 时 20 分起火。

这次火灾事故的原因是安装栏杆动火作业中违反动火规定，防火措施不到位，使高温熔渣引燃橡胶。由于平台四周有钢板围住，火灾初起时不易发现，等发现火灾报警、待消防队赶到时，火势已处于猛烈阶段。

八、火灾的自救与逃生

1. 疏散引导的措施

若在人员集中的场所发生火灾，由于人们急于逃生的心理作用，起火后可能会一起涌向有明显标志的出口，造成拥挤混乱。此时，单位的领导和工作人员要设法疏散引导，为人们指明各种疏散通道，同时要以镇定的语气大声呼喊，消除人们的恐慌心理，使人们有条不紊地安全疏散。其具体方法有以下几种：

（1）语言疏导。语言疏导包括口头语言引导和广播语言引导。口头语言引导是人员集中场所各区域工作人员在组织疏散时使用的，对疏散人员起着重要作用。由于失火单位的工作人员熟悉疏散路线，了解火情，在火灾事故中他们与受害者共患难，镇定地组织指挥疏散，可使受害者对他们产生信赖感，增强受害者成功疏散的信心。广播语言引导和口头语言引导所不同的是，广播语言是由控制中心控制发出的。

在火灾现场使用语言疏导人员时，主要应做好以下几点：

1）说明火灾事故情况。即起火部位和火势严重程度。

2）讲明疏散事项。即哪些部位的人员需要疏散，哪些部位是安全的。在楼层火灾疏散时，一般要求起火层先疏散，然后是起火层以上各层，再次是起火层的以下各层。指明防火分隔中的防火墙、防火门或防火窗,让受害者确实认识到这里是比较安全的地方。

3) 指示疏散方向。即利用哪条疏散通道和到达何处最安全,并说明指示标志的位置和颜色。

4) 说明疏散道理。如疏散时要听从指挥;采取的各种疏散措施是为了避免出口严重拥挤而造成堵塞,尽快将人员疏散到安全地区,以减轻人们对火灾的恐惧;要维持疏散秩序。

用语言引导时,应注意用语的艺术和效果,用语要给人以安详、平静感,听后对稳定情绪有利,不要给人以一种大祸临头的危机感,如使用"请您注意"等。要使用常用的通俗语言,好听易懂,不要用"撤离"等专业术语。要求语言引导时,用词明确坚定、语调清晰,做到句句明确、字字入耳,使受害者感到可信、有依靠,起到稳定情绪、坚定与火灾作斗争的信心。

(2) 掩护疏导。对于火势较大并直接威胁人员安全、影响疏散时,单位的工作人员或到场的公安消防人员可利用各种灭火器材及水枪全力堵截火势发展,掩护被困人员疏散。如人员较多,由于惊慌混乱而造成疏散通道和出入口堵塞时,要派人疏导,并向外拖拉。有人跌倒时,还要设法阻止人流,迅速扶起摔倒人员,以及采取必要的措施强制疏导,防止出现伤亡事故。

对疏散出来的人员,要加强脱险后的管理。由于受灾的人员脱离危险后,随着对自己生命威胁的减少,往往因受某种心理原因的驱使,不顾一切地想重新回到原处达到目的,如自己的亲人还围困在房间里、急于救出亲人;怕珍贵的财物被烧、想急切地抢救出来等,这样不仅会使他们重新陷入危险境地,且易造成疏散的混乱,妨碍救人和灭火。因此,对已疏散到安全区域的人员,要加强管理,禁止他们的危险行动，必要时，应在建筑物内外的关键部位配备警戒人员。

2. 自救逃生方法

一般情况下，绝大多数的火灾现场被困人员可以安全地疏散或自救逃生，脱离险境。因此，必须坚定自救意识，不惊慌失措，冷静观察，采取可行的措施进行疏散自救。

（1）疏散时，如人员较多或能见度很差时，应在熟悉疏散通道的人员带领下，有序地撤离起火点。带领人用绳子牵领，用"跟着我"的喊话或前后扯着衣襟随疏散人员撤至室外或安全地点。

（2）在撤离火场途中被浓烟围困时，由于烟雾一般是向上流动，地面上的烟雾相对来说比较稀薄，因此，可采用低姿势行走或匍匐穿过浓烟区的方法。如果有条件，可用湿毛巾等捂住嘴、鼻，或用短呼吸法，用鼻子呼吸，以便迅速撤出烟雾区。

（3）楼房的下层着火时，楼上的人不要惊慌失措，应根据现场的不同情况采取正确的自救措施。如果楼梯间只是充满烟雾，可采取低姿势手扶栏杆迅速而下；如果楼梯已被烟火封住但未坍塌，还有可能冲得出去时，则可向头部、上身淋些水，用浸湿的棉被、毯子等物披围在身上从烟火中冲过去；如果楼梯已被烧断、通道被堵死时，可通过屋顶上的老虎窗、阳台、落水管等处逃生，或在固定的物体上（如窗框、水管等）拴绳子，然后手拉绳缓缓而下。如果上述措施都行不通时，则应退居室内，关闭通往着火区的门窗，还可向门窗上浇水，延缓火势蔓延，并向窗外伸出衣物或抛出小物件发出求救信号。在火势猛烈、时间来不及的情况下，如被困在二楼要跳楼时，可先往楼外地面上抛掷一些棉被等物，以增加缓冲，然后手拉着窗台或阳台往下滑，这样可使双脚先着地，又能缩小高度。如果被困在三楼以上，则决不能跳楼,可转移到其他较安全地点,耐心等待救援。

(4) 火灾时人身着火的应急措施。一旦衣帽着火,应尽快地把衣帽脱掉,如来不及脱掉,可把衣服撕碎扔掉,或者着火人就地倒下打滚,把身上的火焰压灭;在场的其他人员也可用湿麻袋、毯子等物把着火人包裹起来,以窒息火焰;或者向着火人身上浇水,帮助受害者将烧着的衣服撕下;或者跳入附近池塘、小河中将身上的火熄掉。身上着火时切记不能奔跑,那样会使身上的火越烧越旺,还会把火种带到其他场所,引起新的火点。

3. 自救逃生时应注意的问题

处在火灾中的人们生命危在旦夕,但不到最后一刻,谁都不会放弃生命,必须竭尽全力设法逃生。在逃生时应注意以下几个问题:

(1) 在室内发现外部起火,开启房门前,必须先触摸门板,如果发热或有烟气从门缝窜入时,就不能贸然开门,应设法从其他出口逃生。如果门不热,应缓慢开启,并在一侧利用门扇等物做好掩护,防止被烟气熏倒或被热气浪灼伤。

(2) 不论是位于起火房间还是未着火房间,在逃到室外后,要随手关闭通道上的门窗,以减缓烟雾沿着人们逃离的通道蔓延。

(3) 逃生前不要为穿衣或寻找贵重物品而耽误时间。在无路可逃时也不要向床下、墙角、桌下、大衣柜里等角落退避,因这些角落不能阻挡烟火的袭击。

(4) 如果身上衣服着火,采取就地翻滚把火压灭时,应注意不要滚动过快。在跳入附近水池、河塘中将火熄掉时,若人体已被烧伤,要注意防止感染。

(5) 不要重新进入火场。受害者一旦脱离险区,就必须留在安全地带,如有情况,应及时地向救助人员反映,决不能重新进入火场,以免发生危险。

(6) 不要乘坐电梯逃生。电梯井直通大楼各层,烟雾、高温热气很容易涌入,在热的作用下会造成电梯失控或变形,使电梯不能运行。烟雾、热气流可危及人们的生命,所以发生火灾时千万不要乘坐电梯。

九、爆炸现象及其危害

爆炸是物质系统的一种极为迅速的物理的或化学的能量释放或转化过程,是系统在瞬间释放出很大能量,同时产生气体以很大压力向四周扩散,并伴随有巨大声响的现象。按照能量的来源来分,爆炸可分为物理爆炸、化学爆炸和核爆炸 3 类。

物理爆炸是由系统释放物理能引起的爆炸。例如,对于高压蒸汽锅炉,当过热蒸汽压力超过锅炉能承受的程度时,锅炉破裂,高压蒸汽骤然释放出来,形成爆炸。化学爆炸是由于物质在瞬间的化学变化引起的爆炸,如炸药爆炸、可燃气体爆炸。

爆炸的破坏形式通常有直接的爆炸作用、冲击波的破坏作用和火灾 3 种,后果往往都比较严重。

(1) 直接的爆炸作用。这是爆炸对周围设备、建筑和人群的直接作用,它直接地造成机械设备、装备、容器和建筑物的毁坏和人员伤亡。机械设备和建筑物的碎片飞出,会在相当范围内造成危险,碎片击中人体则会造成伤亡。

(2) 冲击波的破坏作用。爆炸时产生的高温高压气体产物以极高的速度膨胀,像活塞一样挤压周围空气,把爆炸反应释放出来的部分能量传给这个压缩的空气层。空气受爆炸影响而发生扰动,这种扰动在空气中传播,就成为冲击波。冲击波可以在周围环境中的金属、岩石、建筑材料、水、空气等固体、液体、气体介质中传播。在传播过程中,可以对这些介质产生破坏作用,造成周围环境中的机械设备、建筑物的毁坏和人员伤亡。冲击波还可以在它的作用区域内产生振荡作用,使物体因振荡而松散,甚至破坏。

(3) 造成火灾。可燃气体(或可燃粉尘)与空气的混合物爆炸一般都会引起大面积火灾。这种情况在油罐、液化气爆炸后最容易发生,正在运行的燃烧设备或高温的化工设备被炸坏,其炽热的碎片飞出,有可能点燃附近储存的燃料或其他可燃物,引起火灾。爆炸物品爆炸后,气体产物的扩散不足以引起一般可燃物的燃烧,但是被炸建筑物内遗留的大量的热或残余火苗会把被破坏设备内逸出的可燃物气体或可燃液体蒸汽点燃,也可能将其他易燃物质点燃,引起火灾。

十、防火防爆的基本措施

(1) 开展防火教育,提高群众对防火意义的认识。掌握一定的防火防爆知识,并严格贯彻执行防火防爆规章制度。建立健全群众性义务消防组织和防火安全制度,开展经常性的防火安全检查,消除火险隐患,并根据生产的性质,配备适用和足够的消防器材。

(2) 认真执行建筑防火设计规范。厂房和库房必须符合防火等级要求。厂房和库房之间应有安全距离,并设置消防用水和消防通道。

(3) 合理布置生产工艺。根据产品原材料火灾危险的性质,安排、选用符合安全要求的设备和工艺流程。性质不同又能相互作用的物品应分开存放。具有火灾、爆炸危险的厂房,要采用局部通风或全面通风,降低易燃气体、蒸汽、粉尘的浓度。

(4) 易燃易爆物质的生产,应在密闭设备中进行。对于特别危险的作业，可充装惰性气体或其他介质进行保护，以隔绝空气。对于与空气接触会燃烧的物质，应采取特殊措施存放。例如，将金属钠存于煤油中、磷存于水中、二硫化碳用水封闭存放等。

(5) 从技术上采取安全措施，消除火源。例如，为消除静电，可向汽油内加入抗静电剂。油库设施包括油罐、管道、卸油台、加油柱，都应进行可靠的接地。往容器注入易燃液体时，注液管道要光滑、接地，管口要插到容器底部。为防止雷击，在易燃易爆生产场所和库房安装避雷设施。此外，设备管理应符合防火防爆要求，厂房和库房地面采用不发火地面等。

(6) 应在指定的安全地点吸烟，严禁在工作现场和厂区内吸烟和乱扔烟头。

(7) 使用、运输、储存易燃易爆气体、液体等物质时，一定要严格遵守安全操作规程。

(8) 在工作现场禁止随便动用明火。确需使用时，必须报请主管部门批准，并做好安全防范工作。

(9) 对于使用的电气设施，如发现绝缘破损、老化不堪、超负荷以及不符合防火防爆要求时，应停止使用，并报告领导加以解决。不得带故障运行，防止发生火灾、爆炸事故。

(10) 应学会使用一般的灭火工具和器材。对于车间内配备的防火防爆工具、器材等，应该爱护，不得随便挪用。

◎事故案例

2000年4月7日晚18时45分许，某厂三分厂牛津布车间发生爆燃并引发火灾，造成4人死亡，2人受伤，火灾烧毁车间内部分成品及半成品，烧损一套涂层生产线，过火面积达670 m^2，直接经济损失25万余元。调查发现事故的直接原因是由于生产设备缺乏必要的安全装置，没有有效的消除静电措施，排风系统不能满足工艺安全要求，以致该涂布生产线在涂层、刮料、烘干、卷料的过程中，涂布的表层及烘箱空间内充满了涂料挥发出来的可燃性混合气体，在涂布卷料作业过程中产生的高电位静电放电火花的引燃下，引爆烘箱内的爆炸性混合气体。

十一、消防器材的管理和保养

消防器材的管理和保养工作很重要，一般应注意以下事项：

（1）各单位的消防器材应有专人负责管理和保养，并动员广大职工，一起做好消防器材的管理和保养工作。

（2）消防器材要专物专用，不能用于与消防无关的方面。

（3）要定期检查保养消防器材。检查存放地点是否适当，机件是否损坏或出现故障，灭火药剂是否过期等。消防器材使用后，要立即保养、补充。对机动消防车，要经常发动、定期试车，保持性能良好。

（4）消防器材应设置在明显的地方，并设立标志，以便于取用。消防器材的附近不能堆放杂物，以保持道路畅通。

第六节　特种设备及特种作业安全技术

一、起重作业安全技术

1. 起重作业的安全规定

（1）起重工应经专业培训，并经考试合格持有特种作业操作资格证书，方能进行起重操作。

(2) 司机接班时,应对制动器、吊钩、钢丝绳和安全装置进行检查。发现性能不正常时,应在操作前排除。

(3) 工作前必须戴好安全帽,对投入作业的机械设备必须严格检查,确保完好可靠。

(4) 开车前,必须鸣铃或示警。操作中接近人时,也应给予断续铃声或警报。

(5) 操作应按指挥信号进行。对紧急停车信号,不论何人发出,都应立即执行。

(6) 当起重机上或其周围确认无人时,才可以闭合主电源。当电源电路装置上加锁或有标志牌时,应由有关人员解除后才可闭合主电源。

(7) 闭合主电源前,应将所有的控制器手柄置于零位。

(8) 工作中突然断电时,应将所有的控制器手柄扳回零位。在重新工作前,应检查设备装置是否正常。

(9) 在轨道上露天作业的起重机,当工作结束时,应将起重机锚定住;当风力大于6级时,一般应停止工作,并将起重机锚定住;对于在沿海工作的起重机,当风力大于7级时,应停止工作,并将起重机锚定住。

(10) 司机进行维护保养时,应切断主电源并挂上标志牌或加锁。如存在未消除的故障,应通知接班司机。

◎事故案例

2005年7月14日,某工程施工现场,破桩班组工人正将已锤打到位的管桩多出部位锯断,并进行吊运、清理。约9时40分,由破桩工人彭某捆绑的桩头(外径60 mm,长2.1 m,重约1 t)在吊离地面约 1.5 m 时因未捆绑牢固突然滑落。本已离开的彭某返回取工具时被砸中，经抢救无效死亡。

2. 起重搬运作业的注意事项

（1）起重搬运工在作业前应认真检查工具是否完好可靠，不准超负荷作业。

（2）作业时应做到轻装轻卸，堆放平稳，捆扎牢固。

（3）用机动车装运货物时，不得超载、超高、超长、超宽。如有特殊情况，必须超高、超长、超宽装运时，要经过相关部门的批准，并采取可靠的措施和设置明显标志。车辆行驶时，物件和栏板之间不准站人。

（4）使用卷扬机、钢管滚动滑移货物时，要有专人指挥，卸车或下坡应加保险绳，货物前后和牵引钢丝绳旁不准站人。

（5）装运易燃、爆炸性危险货物时，严禁烟火，并必须轻搬轻放，严禁与其他物品混装。车厢内不准坐人，不准在车厢顶上或车底下休息。

（6）装卸、搬运粉状物料及有毒物品时，应佩戴必要的防护用品。

◎相关知识

起重机司机"十不吊"。"十不吊"是指起重机司机在工作中遇到以下 10 种情况时不能进行起吊作业：

（1）超载或起吊物质量不清。

（2）指挥信号不清或多人指挥。

（3）捆绑、吊挂不牢或不平衡可能引起吊物滑动。

（4）起吊物上有人或浮置物。

(5) 起吊物结构或零部件有影响安全工作的缺陷或损伤。

(6) 遇有拉力不清的埋置物件。

(7) 工作场地光线暗淡,无法看清场地情况和指挥信号。

(8) 重物棱角处与捆绑钢丝绳之间未加垫。

(9) 歪拉斜吊重物。

(10) 易燃易爆物品。

二、锅炉、压力容器的安全管理

锅炉、压力容器在使用时应符合下列安全管理规定:

(1) 使用定点厂家的合格产品。国家对锅炉压力容器的设计制造有严格要求,实行定点生产制度,锅炉压力容器的制造单位必须具备保证产品质量所必需的加工设备、技术力量、检验手段和管理水平。

(2) 登记建档。锅炉压力容器在正式使用前,必须到当地安全监察部门登记,经审查批准入户建档、取得使用证,方可启用。

(3) 专责管理。使用锅炉压力容器的单位,应对设备实行专责管理,即设置专门机构、责成专门的领导和技术人员管理设备。

(4) 持证上岗。锅炉司炉、水质化验人员及压力容器操作人员应分别接受专业安全技术培训并考试合格,持证上岗,操作相应的设备。

(5) 照章运行。锅炉压力容器必须严格依照操作规程及其他法规操作运行,任何人在任何情况下都不得违章作业。

(6) 定期检验。定期对锅炉压力容器进行检验,认真处理缺陷。

(7) 监控水质。水中杂质可使锅炉结垢、腐蚀及产生汽水共腾,降低锅炉效率、使用寿命及供汽质量。必须严格监督、控制锅炉给水及锅水水质,使之符合锅炉水质标准的规定。

（8）报告事故。锅炉压力容器在运行中发生事故，除紧急妥善处理外，应按规定及时、如实上报主管部门及当地锅炉压力容器安全监察部门。

（9）优化环境。锅炉房及压力容器操作间均为生产重地，必须按规定进行建造，精心管理，使设备及操作人员经常处于良好的环境与氛围中。

◎ 事故案例

2000 年 11 月 28 日，山西省文水县某酒业有限公司一台锅炉爆炸，造成 2 人死亡，2 人重伤，2 人轻伤，直接经济损失 30 万元，间接经济损失 20 万元。通过事故调查了解，该锅炉是私自设计、土法制造、自行安装并投入使用的非法私造锅炉，各个环节均没有任何资料与合法手续，整个制造、安装、使用过程中的人员都没有经过专业方面的培训学习，锅炉知识比较匮乏。这些是造成这次事故的主要原因。

三、锅炉安全技术

锅炉是由"锅"与"炉"两个主要部分组成，"锅"与"炉"组合起来便构成了锅炉本体。锅是容纳水和蒸汽的密封受压部件，一般包括锅筒、水冷壁管、集箱、对流管束、蒸汽过热器、省煤器和汽水管道等，在其中进行水的加热、汽化和饱和蒸汽的过热等吸热过程。炉是燃料燃烧的场所，即燃烧设备和燃烧室（炉膛）。燃料在炉中燃烧并释放出大量热能，被锅内的水和蒸汽吸收。因此，锅炉是一种利用燃料在炉中燃烧释放的热能或工业中的其他热能加热锅水，使之具有一定温度和压力的换热设备，也称热工设备。

锅炉是一种承受内压力、具有高温爆炸危险的特种热工设备，锅炉的安全问题，对生产建设和保障人民生命财产安全关系重大。

锅炉的安全问题，就是要保证它不发生事故。锅炉事故按其严重程度，可以粗略地分为两类：灾难性爆炸事故和一般性强迫停炉事故。灾难性爆炸事故大部分发生在低、中压以及中小型容量的锅炉，特别是多数发生在低压、小型工业锅炉方面。至于高压乃至超临界压力的巨型电站锅炉，很少发生重大受压元件在运行中爆炸的事故。这说明锅炉的安全与否在于人如何去掌握，只要充分认识并重视锅炉的安全管理，是完全可以防止灾难性锅炉爆炸事故发生的。

锅炉要实现安全、经济和连续地运行，必须具备合理的锅炉结构、完整的附件、熟练的操作工人和一整套完善的科学管理制度。锅炉的安全与设计、制造、运行和检修等方面的工作密切相关。

对锅炉本体结构的基本安全技术要求主要有：锅炉本体的各部分在运行时应能按设计预定方向自由膨胀。各部分受热面应得到可靠的冷却。锅炉各受压元件应有足够的强度，并装有可靠的安全保护设施，防止超压。受压元件或部件结构形式、开孔和焊缝的布置应尽量避免或减小复合应力和应力集中。锅炉的炉膛结构应有足够的承压能力和可靠的防爆措施，并应有良好的密封性。锅炉承重结构在承受设计负荷时应有足够的强度、刚度、稳定性及防腐蚀性。锅炉结构应便于安装、维修和清洗内外部。

四、压力容器安全技术

从广义上来说，压力容器应该包括所有承受压力载荷的密闭容器。但在工业生产中，承载压力的容器是很多的，其中只有一部分相对来说比较容易发生事故，而且事故的危害性比较大。所以许多工业国家都把这类容器作为一种特殊设备，需要由专门机构进行安全监督，并按规定的技术管理规范进行设计、制造和使用。在工业上，一般所说的压力容器，就是指这一类作为特殊设备的容器。

1. 压力容器的安全操作

（1）基本要求

1）平稳操作。加载和卸载应缓慢，并保持运行期间载荷的相对稳定。

2）防止超载。防止压力容器过载主要是防止超压。

（2）容器运行期间的检查。对运行中的容器进行检查，包括工艺条件、设备状况以及安全装置等方面。

（3）容器的紧急停止运行。压力容器在运行中出现下列情况时，应立即停止运行：

1）容器的操作压力或壁温超过安全操作规程规定的极限值，而且采取措施仍无法控制，并有继续恶化的趋势。

2）容器的承压部件出现裂纹、鼓包变形、焊缝或可拆连接处泄漏等危及容器安全的迹象。

3）容器装置全部失效、连接管件断裂、紧固件损坏等，难以保证安全操作。

4）操作岗位发生火灾，威胁到容器的安全操作。

5）高压容器的信号孔或警报孔泄漏。

2. 压力容器的维护保养

做好压力容器的维护保养工作，可以使容器经常保持完好状态，提高工作效率，延长容器使用寿命。

容器的维护保养主要包括以下几方面的内容：

（1）保持完好的防腐层。

(2) 消除产生腐蚀的因素。

(3) 消除容器的"跑、冒、滴、漏"现象。

(4) 加强容器在停用期间的维护。

(5) 经常保持容器的完好状态。

五、气瓶的安全使用

(1) 应严格执行安全技术操作规程，在使用前要对气瓶进行全面检查。

(2) 所有气瓶不得靠近火源、热源，并应与明火、热源保持一定距离，一般不得低于 10 m，如条件受限，应采取隔热措施，但相距不得小于 5 m。

(3) 对于液化气体气瓶，当冬季或瓶内压力减低时，必要时可用热水加热瓶身，严禁用明火烘烤。

(4) 使用中如遇有气瓶瓶阀漏气时，应立即停止使用，旋紧瓶阀，然后妥善处理，且不可带病使用。如气瓶低熔合金塞遇热熔融漏气时，应立即用水浇瓶身，同时用小木塞敲入熔孔堵塞。如漏气严重，措施无效，应根据瓶内气体的性质，采取应急处理措施。

(5) 应根据瓶内储气的性质使用气瓶，操作应符合气体特性要求。

(6) 气瓶内的气体不得全部用尽，应留有剩余余压。防止吸入空气或其他物质，防止造成回火或构成其他危险。

(7) 在作业结束后，应认真清理现场，对气瓶应卸下减压阀，关好总阀，不得用工具硬扳，以防瓶阀损坏，同时把气瓶放到安全位置。

(8) 不得乱用气瓶，不得用气瓶吹干衣服或作为扫除之用，也不能把气瓶当做工作台,做滚子用,气瓶上不得坐人,以防混用而发生意外事故。

◎**事故案例**

1999年3月24日,哈尔滨发生了一起溶解乙炔气瓶爆炸事故,事故造成4人死亡,8人受伤,其中4人为重伤,直接经济损失达1 500万元。在事故调查过程中发现充装、运输和使用环节存在不少严重问题,违反了《溶解乙炔气瓶安全监察规程》和国家标准GB 13591—1992《溶解乙炔气瓶充装规定》。如乙炔瓶充装单位充装管理混乱,乙炔瓶不补加或少补加丙酮,最严重的达到一只瓶少补加丙酮11.8 kg。在丙酮不足的情况下,超量充装乙炔,最严重的一只气瓶超量达到4.8 kg;充装记录不全且混乱;乙炔瓶跨省长距离运输;乙炔瓶使用前,未经严格检查,对充装存在问题的气瓶未作妥善处理等。

六、焊接作业安全技术

1. 焊接作业的主要事故类型及其预防措施

在焊接过程中,焊工要经常接触易燃、易爆气体,有时要在高空、水下、狭小空间进行工作;焊接时产生的有毒气体、有害粉尘、弧光辐射、噪声、高频电磁物质等都会对人体造成很大的危害。焊接现场有可能发生爆炸、火灾、烫伤、中毒、触电和高空坠落等工伤事故。焊工在作业中也可能受到各种伤害,引起血液、眼睛、皮肤、肺部等的职业病。焊工属于特种作业人员,必须经过安全培训并考试合格后,方许独立上岗操作。

焊工在进行焊接作业时,应遵守以下安全规定:

(1)电焊工应经过专业培训,持证上岗。

(2) 电焊所用的工具必须安全绝缘。焊机的外壳和工作台必须有良好的接地。接地线不得接在有易燃易爆介质的管道或设备上。

(3) 焊接场地禁止放置易燃易爆物品,并应备有消防器材,以保证具有足够的照明和良好的通风。

(4) 在有燃、爆危险的生产区域动火,必须办理动火许可证,并做好安全措施,在专人监护下方可动火。

(5) 工作前必须穿戴好防护用品。操作时必须戴好防护眼镜或面罩,仰面焊接时应扣紧衣领,扎紧袖口,戴好防火帽,在潮湿的地方或雨天作业时要穿好胶鞋,做好防护措施。

(6) 在焊接、切割密闭空心工件时,必须留有气孔。在容器内工作时,必须设人监护,并有良好的通风措施,照明电压采用 12 V。禁止在已油漆或喷涂过塑料的容器内焊接。

(7) 对受压容器、密闭容器、各种油桶、管道、沾有可燃气体和溶液的工件进行操作前,必须先进行检查。必须冲洗掉有毒有害、易燃易爆物质,解除容器及管道压力,消除容器密闭状态(敞开口、旋开盖)。动火前半小时进行采样安全分析,合格后再进行工作。

(8) 在高处作业应系安全带,采取防护措施,不准将工作回线缠在身上,地面同时应有人监护。

◎相关知识

焊工应遵守的"十不焊割"的规定:

(1) 焊工未经安全技术培训合格,未领取操作证者,不能焊割。

(2) 在重点要害部门和重要场所,未采取措施,未经单位有关领导、车间、安全、保卫部门批准和办理动火证手续的,不能焊割。

(3) 在容器内工作没有 12 V 低压照明和通风不良及无人在外监

护不能焊割。

（4）未经领导同意，车间、部门擅自拿来的物件，在不了解其使用情况和构造情况下，不能焊割。

（5）盛装过易燃、易爆物品的容器管道，未经处理消除火灾爆炸危险的，不能焊割。

（6）用可燃材料充做保温层、隔热、隔音设备的部位，未采取切实可靠的安全措施，不能焊割。

（7）有压力的管道或密闭容器，如空气压缩机、高压气瓶、高压管道、带气锅炉等，不能焊割。

（8）焊接场所附近有易燃物品，未作清除或未采取安全措施，不能焊割。

（9）在禁火区内（防爆车间、危险品仓库附近）未采取严格隔离等安全措施，不能焊割。

（10）在一定距离内，有与焊割明火操作相抵触的工种（如汽油擦洗、喷漆、灌装汽油等能排出大量易燃气体），不能焊割。

2. 焊接作业的个人防护措施

焊接作业的个人防护措施主要是对头、面、眼睛、耳、呼吸道、手、身躯等方面的人身防护，主要有防尘、防毒、防噪声、防高温辐射、防放射性、防机械外伤和脏污等。焊接作业除穿戴一般防护用品（如工作服、手套、眼镜、口罩等）外，针对特殊作业场合，还可以佩戴通风焊帽（用于密闭容器和不易解决通风的特殊作业场所的焊接作业），防止烟尘危害。

对于剧毒场所紧急情况下的抢修焊接作业等，可佩戴隔绝式呼吸器，防止急性职业中毒事故的发生。

为保护焊工眼睛不受弧光伤害,焊接时必须使用镶有特别防护镜片的面罩,并按照焊接电流的强度不同来选用不同的滤光镜片。同时,也要考虑焊工视力情况和焊接作业环境的亮度。

为防止焊工皮肤不受电弧的伤害,焊工宜穿浅色或白色帆布工作服。同时,工作服袖口应扎紧,扣好领口,皮肤不外露。

焊接辅助工和焊接地点附近的其他工作人员要戴颜色深浅适中的滤光镜,避免眼睛受弧光伤害。在多人作业或交叉作业场所从事电焊作业要采取保护措施,设防护遮板,以防止电弧光刺伤焊工及其他作业人员的眼睛。

此外,接触钍钨棒后,应以流动水和肥皂洗手,并注意经常清洗工作服及手套等。戴隔音耳罩或防音耳塞,以防护噪声危害。这些都是有效的个人防护措施。

七、厂内运输安全技术

1. 厂内运输的含义

在工厂里,将材料、成品、零件、部件、产品等按生产路线、工艺流程进行库房与车间、车间与车间、车间内部各工序之间的运输都称为厂内运输。根据物料的周转情况,厂内运输大致可以分为以下几个阶段:

(1) 把原材料运到工厂。

(2) 把原材料搬运入库或运到堆放场地。

(3) 将材料由仓库或堆放场地运到车间或者生产作业班组。

(4) 零部件在车间内部班组、工序间的转运。

(5) 零部件在车间与车间之间的转运。

(6) 将产品由车间运送到库房。

(7) 将产品由库房发运出厂。

2. 厂内运输的基本安全要求

根据《工业企业厂内运输安全规程》的规定，厂内运输必须满足以下基本安全要求：

(1) 设计应根据工艺流程、货运量和货物性质，选用适当的运输方式，合理地组织车流、人流，从设计上保证运输、装卸作业的安全条件。

(2) 厂内建筑物、设备和绿化物等不得妨碍视线，并严禁侵入铁路线路和道路的安全界限。

(3) 制造、改造和改装的运输、装卸设备应有完整的技术文件和使用说明书。

(4) 应建立运输、装卸设备的技术档案，有计划地对运输、装卸设备进行维修和保养工作。对于新购、改造、改装和修复后的设备，在投入使用前，必须经过试运转，符合安全技术要求并制定出安全操作规程后，方准使用。

(5) 从事运输工作的新工人和代培、实习人员，入厂时应进行安全教育，在指定的老工人带领下工作3～6个月，经考试合格后，方准单独操作。

(6) 机车、机动车和装卸机械的驾驶人员，必须经有关部门组织的专业技术、安全操作规程的考试，合格后发放驾驶证，方准上岗操作。

(7) 从事危险品运输、装卸的工人，应每季进行一次安全教育，每两年进行一次训练和考试，考试合格后，方准继续工作。

(8) 从事运输作业的人员应定期进行体格检查，凡患有色盲、严重近视、耳聋、精神病、高血压、心脏病等禁忌证者，不得继续担任原职工作。

（9）工厂应给运输、装卸作业人员发放劳动防护用品，作业人员在作业时应佩戴好防护用品，做好防暑、防寒工作。

（10）经常运输有害货物和超限货物时，应使用专用车辆。

（11）跨越铁路、道路、管道等设施时，必须事先经运输部门同意。

（12）在铁路附近施工或检修时，应事先通知运输部门并准备好防护措施。

3. 厂内运输的主要事故类型及其预防措施

厂内运输易发生的事故主要有撞车、翻车、轧碾以及在搬运、装卸、堆垛中物体的打击等。发生以上事故的原因主要是缺乏安全知识的教育、作业条件不符合安全要求以及运输设备和运输工具有缺陷。

为了防止事故的发生，工厂必须采取以下预防措施：

（1）建立一套运输、装卸的安全生产制度和奖惩制度。

（2）严格遵守《工业企业厂内运输安全规程》。

（3）平时发现事故隐患要及时采取措施，当事故发生时，现场人员要保持镇静，发挥高度的责任感，采取必要的措施，防止事故扩大。

（4）事故发生后，要及时总结经验教训，做到"四不放过"。

厂内汽车在运输过程中应遵守下列规定：

（1）驾驶员必须有经公安部门考核合格后发给的驾驶证。

（2）厂区内的行车速度不得超过 15 km/h，天气恶劣时行车速度不得超过 10 km/h，倒车及出入厂内、厂房时行车速度不得超过 5 km/h，不得在平行铁路装卸线钢轨外侧 2 m 以内行驶。

（3）装载货物时不得超载，而且货物的高度、宽度和长度应符合公安部、交通部的规定。对于较大和易滚动的货物，应用绳索拴牢，对于超出车厢的货物应备有托架。

（4）装卸超过规定的不可拆解货物时，必须经过厂交通安全管理部门的批准，派专人押车，按指定的线路、时间和要求行驶。

（5）装运炽热货物及易燃、易爆、剧毒等危险货物时，应遵守国家标准《工业企业厂内运输安全规程》的规定。

（6）装卸时，汽车与堆放货物之间的距离一般不得小于 1 m，与滚动物品的距离不得小于 2 m。装卸货物的同时，驾驶室内不得有人，不准将货物经过驾驶室的上方装卸。

（7）多辆车同时进行装卸时，前后车的间距应不小于 2 m，横向两车栏板的间距不小于 1.5 m，车身后栏板与建筑物的间距不得小于 0.5 m。

（8）倒车时，驾驶员应先查明情况，确认安全后方可倒车，必要时应有人在车后进行指挥。

（9）随车人员应坐在安全可靠的指定部位，严禁坐在车厢侧板上或驾驶室顶上，也不得站在踏板上，手脚不得伸出车厢外，严禁扒车和跳车。

第5章 职业健康知识

第一节 职业危害与职业病的基础知识

一、职业危害因素的分类

职业危害因素通常是指在生产环境和劳动过程中存在的可能危害人体健康的因素。一般可以归纳为以下几种类型。

1. 生产过程中的危害因素

（1）化学因素：有毒物质，如铅、苯、汞、有机磷农药等；生产性粉尘，如煤尘、有机粉尘等。

（2）物理因素：异常气象条件，如高温、高湿等；噪声、振动；紫外线、X射线等。

（3）生物因素：如附着在皮肤上的炭疽杆菌、布氏杆菌、森林脑炎病毒等。

2. 劳动过程中的危害因素

（1）劳动组织和劳动制度不合理，如劳动时间过长、轮班制度不合理等。

（2）劳动中精神过度紧张。

（3）劳动强度过大或劳动时间安排不均衡，如安排的作业与劳动者的生理状况不相适应、超负荷加班加点等。

（4）机体过度疲劳，如光线不足引起的视力疲劳等。

（5）长时间处于某种不良体位或使用不合理的工具等。

3. 生产环境中的危害因素

（1）生产场所设计不符合卫生标准或要求，如厂房布局不合理、有毒和无毒工序安排在一起等。

（2）缺乏必要的卫生技术设施，如没有通风换气、防尘、防毒、防噪声等设备。

（3）安全防护设备和个人防护用品装备不全。

在实际的生产场所中，危害因素往往不是单一存在的，而是多种因素同时对劳动者的健康产生作用，此时危害更大。

二、冶金工业中的职业危害

冶金工业生产中的主要职业危害因素是高温、强辐射热、粉尘、一氧化碳和噪声等。

（1）高温和强辐射热。在冶金生产中，矿粉的加工烧结、炼焦、炼铁、炼钢、轧钢等每个环节都属高温作业，有的车间夏季气温比室外高 15~20℃，因此，较易使人中暑。灼热的物体辐射出大量红外线，易引起职业性白内障。

（2）粉尘。在矿石生产中，井下开采、运输、破碎到选矿、混料、烧结等环节都有很高浓度的粉尘；在耐火材料加工、炼焦、炼钢的过程中也有大量粉尘产生，如炼铁厂的高炉上料系统用砂轮机修磨等。长期接触粉尘会发生肺尘埃沉着病，多为硅沉着病。

（3）一氧化碳。煤气中的一氧化碳含量为 30% 左右，故在接触煤气的岗位，如不注意防护，就有可能发生一氧化碳中毒事故。

(4) 其他。冲渣会产生少量硫化氢和二氧化硫气体;空压机、风机、轧钢机等发出的强噪声易使人耳聋;由于接触火焰、钢水、钢渣、钢坯的机会较多,最容易发生烧灼伤;接触高温辐射的工人中,易发生火激红斑、色素沉着、毛囊炎及皮肤化脓等疾患;由于高温作用,肠道活动出现抑制反应,使消化不良和胃肠道疾患增多,高血压的发生率也比一般工人多。

三、职业病的种类

当职业危害因素作用于人体的强度与时间超过一定限度时,人体就会出现某些功能性或器质性的病理改变,出现相应的临床症状,影响人的劳动能力,习惯上把这类病症统称为职业病。职业病具有一定的范围,即凡由国家政府主管部门明文规定的职业病,统称为法定职业病。2004年颁布的《职业病目录》规定,我国法定的职业病有10大类115种。10大类包括:

(1) 肺尘埃沉着病(如矽肺、煤工尘肺、铝尘肺),13种。

(2) 职业性放射性病(如外照射性急性放射病、放射性皮肤疾病),11种。

(3) 职业中毒(如铅及其化合物中毒、汞及其化合物中毒),56种。

(4) 物理因素所致职业病(如中暑、手臂振动病),5种。

(5) 生物因素所致职业病(如炭疽、森林脑炎),3种。

(6) 职业性皮肤病(如接触性皮炎、化学性皮肤灼烧),8种。

(7) 职业性眼病(如电光性眼炎、职业性白内障),3种。

(8) 职业性耳鼻喉口腔疾病(如噪声聋、铬鼻病),3种。

(9) 职业性肿瘤(如石棉所致肺癌、苯所致白血病),8种。

(10) 其他职业病（如金属烟热、煤矿井下工人滑囊炎），5 种。

四、导致职业病的发病因素

职业病的发生不仅与职工接触的职业危害因素的种类、性质、浓度或强度有关，而且还与生产过程和作业环境有关。此外，工作人员的个体差异也是一个重要因素。总之，职业病的发病因素主要有以下 3 项：

(1) 有害因素本身的性质。有害因素的理化性质和作用部位与职业病发生与否密切相关，如电磁辐射透入人体组织的深度和危害性，主要决定于其波长。毒物的理化性质及其对人体组织的亲和性与毒性作用有直接关系。

(2) 有害因素作用于人体的量。物理和化学因素对人的危害都与量有关，多大的量和浓度才能导致职业病的发生，是确诊的重要参考。我国公布的《工作场所有害因素职业接触限值》就是指某些化学物质在工作场所空气中的限量。

(3) 劳动者个体易感性。健康的人体对有害因素的防御能力是多方面的，人体停止接触某些物理因素后，被扰乱的生理功能可以逐步恢复，但是抵抗能力和身体条件差的人员对于进入体内的毒物的解毒和排毒功能下降，更易受到损害。经常患有某些疾病的工人，在接触有毒物质后，可以使原有疾病加剧，进而发生职业病。

职业病的病因还具有特异性，比如接触含有游离二氧化硅粉尘的作业工人容易患硅沉着病，脱离接触这种粉尘可减轻职业病或恢复健康；接触噪声早期可引起人听力的下降，如连续不断地接触噪声，可导致噪声性耳聋，及时脱离接触噪声环境则可以恢复听力。因此，早期诊断、早期给予相应处理或治疗，对于预防职业病意义重大。

第二节 职业危害的预防

一、生产性粉尘的种类及危害

生产性粉尘是指在生产中形成的、能较长时间漂浮在作业场所空气中的固体颗粒,其粒径多在 0.1~10 μm。

1. 生产性粉尘的种类

生产性粉尘的来源十分广泛,如固体物质的机械加工、粉碎、研磨,粉状物料的混合、筛分、包装及运输,物质的加热和燃烧等,都可能产生粉尘。

生产性粉尘按性质来分,可分为3类:

(1) 无机性粉尘。包括矿物性粉尘,如石英、石棉、滑石、煤等;金属性粉尘,如铁、铝、锰、铅等;人工无机性粉尘,如金刚砂、水泥等。

(2) 有机性粉尘。包括植物性粉尘,如棉、麻、面粉、木材等;动物性粉尘,如皮毛、丝、骨质粉尘等;人工有机粉尘,如有机染料、合成树脂、炸药、人造纤维等。

(3) 混合性粉尘。混合性粉尘是上述两种或两种以上粉尘的混合物,在生产中这种粉尘最多。

2. 生产性粉尘的危害

生产性粉尘进入人体后,根据其性质、沉积的部位和数量的不同,可引起不同的病变。

(1) 肺尘埃沉着病。长期吸入一定量的某些粉尘可引起肺尘埃沉着病,这是生产性粉尘引起的最严重的危害。

（2）粉尘沉着症。人在吸入某些金属粉尘如铁、钡、锡等之后，当这些金属粉尘在人体内积累达到一定量时，会对人体造成很大危害。

（3）有机粉尘可引起变态性病变。某些有机粉尘，如发霉的稻草、羽毛等可引起间质肺炎或外源性过敏性肺泡炎以及过敏性鼻炎、皮炎、湿疹或支气管哮喘。

（4）呼吸系统肿瘤。有些粉尘已被确定为致癌物，如放射性粉尘、石棉、镍、铬、砷等。

（5）局部作用。人体接触粉尘可使呼吸道黏膜受损。经常接触粉尘还可引起皮肤、耳、眼等方面的疾病。粉尘堵塞皮脂腺，可使皮肤干燥，引起毛囊炎、脓皮病等。金属和磨料粉尘可引起角膜损伤，导致角膜浑浊。沥青粉尘在日光下可引起光感性皮炎。

（6）中毒作用。吸入的铅、砷、锰等有毒粉尘能在支气管和肺泡壁上溶解后被吸收，使人中毒。

◎相关知识

肺尘埃沉着病是危害我国工人健康最为严重的一种职业病。卫生部对全国职业卫生情况的统计显示，截至2002年，我国肺尘埃沉着病累计病例达581 377名，其中仍存活患者442 200例。其他资料报告显示，全国还有60万左右的可疑肺尘埃沉着病人，这还不包括散布在社会上（小矿山等）的肺尘埃沉着病患者。仅2002年共报告肺尘埃沉着病新增病例12 248例，其中煤工肺尘埃沉着病和硅沉着病共占85.6%，年内死亡的肺尘埃沉着病患者2 343例。每年肺尘埃沉着病造成的直接经济损失达80亿元，在国内外还造成了不良的政治影响。

3. 粉尘的最高容许浓度

为了使工业企业的设计和生产符合职业健康的要求,保护工人和居民的安全和健康,我国于2002年颁布并实施了新的《工业企业设计卫生标准》(以下简称《卫生标准》)。《卫生标准》对车间空气中和居民区大气中有害物质的最高容许浓度等作了相关规定。例如,车间空气中一般粉尘的最高容许浓度为 10 mg/m³,含 10%以上游离二氧化硅的粉尘最高容许浓度则为 2 mg/m³。

《卫生标准》中规定的车间空气中有害物质的最高容许浓度,是以工人在此浓度下长期进行生产劳动而不会引起急性或慢性职业病为基础而制定的。《卫生标准》是衡量生产环境污染程度、进行经常性卫生监督、设计和评价防护设施效果的依据。《卫生标准》中的所谓粉尘最高容许浓度,是工人工作地点空气中含尘浓度不应超过的数值,工作地点是指工人在生产过程中经常或定期停留的地点。

二、粉尘危害的预防措施

综合防尘措施可概括为八个字,即"革、水、密、风、护、管、教、查"。

"革":工艺改革。以低粉尘、无粉尘物料代替高粉尘物料,以不产尘设备、低产尘设备代替高产尘设备,这是减少或消除粉尘污染的根本措施。

"水":湿式作业可以有效地防止粉尘飞扬。例如,矿山开采的湿式凿岩、铸造业的湿砂造型等。

"密":密闭尘源。使用密闭的生产设备或者将敞口设备改成密闭设备,这是防止和减少粉尘外逸、治理作业场所空气污染的重要措施。

"风"：通风排尘。受生产条件限制，设备无法密闭或密闭后仍有粉尘外逸时，要采取通风措施，将产尘点的含尘气体直接抽走以确保作业场所空气中的粉尘浓度符合国家卫生标准。

"护"：受生产条件限制，在粉尘无法控制或高浓度粉尘条件下作业时，必须合理、正确地使用防尘口罩、防尘服等个人防护用品。

"管"：领导要重视防尘工作，防尘设施要改善，维护管理要加强，确保设备的良好、高效运行。

"教"：加强防尘工作的宣传教育，普及防尘知识，使接触粉尘者对粉尘危害有充分的了解和认识。

"查"：定期对接触粉尘人员进行健康检查；对于从事特殊作业的人员，应发放保健津贴；有作业禁忌证的人员，不得从事接触粉尘作业。

◎相关知识

有下列疾病者不宜从事粉尘作业：活动性结核病、严重的上呼吸道和支气管疾病、显著影响肺功能的肺或胸膜病变、严重的心血管疾病。

三、生产性毒物的来源、种类及危害

1. 毒物的来源

在生产过程中，毒物的来源主要有以下几个方面：

（1）生产原料，如生产合成纤维、染料用的苯。

（2）中间产品，如用苯和硝酸生产苯胺时产生的硝基苯。

（3）成品，如农药厂生产的各种农药。

（4）辅助材料，如生产中用做溶剂的苯和汽油。

（5）副产品及废弃物，如炼焦时产生的煤焦油、沥青，冶炼金属

时产生的二氧化硫。

(6) 夹杂物，如硫酸中混杂的砷等。

生产性毒物在生产过程中常以气体、蒸汽、粉尘、烟和雾的形态存在，并严重污染着周围的环境。

2. 毒物的种类

生产性毒物的分类方法很多，按其化学成分来分，可分为金属、类金属、非金属、高分子化合物毒物等；按物理状态来分，可分为固态、液态、气态毒物；按毒理作用来分，可分为刺激性、腐蚀性、窒息性、神经性、溶血性和致畸、致癌、致突变性毒物等。一般将生产性毒物按其综合性分为：

(1) 金属及类金属毒物，如铅、汞、锰、镉、铬、砷、磷等。

(2) 刺激性和窒息性毒物，如氯、氨、氮氧化物、一氧化碳、硫化氢等。

(3) 有机溶剂，如苯、甲苯、汽油、四氯化碳等。

(4) 苯的氨基和硝基化合物，如苯胺、三硝基甲苯等。

(5) 高分子化合物，如塑料、合成橡胶、合成纤维、黏合剂、离子交换树脂等。

(6) 农药，如杀虫剂、除草剂、植物生长调节剂、灭鼠剂等。

3. 毒物进入人体的途径

生产性毒物进入人体的途径主要有呼吸道、皮肤和消化道。

(1) 呼吸道。这是最常见和主要的途径，呈气体、气溶胶（粉尘、烟、雾）状态的毒物均可经呼吸道进入人体，其主要部位是支气管和肺泡。一般地，空气中的毒物浓度越高，粉尘状毒物粒子越小，毒物在体液中的溶解度越大，经呼吸道吸收的速度就越快。

(2) 皮肤。在生产中,毒物经皮肤吸收而中毒者也较为常见。某些毒物可透过完整的皮肤进入体内。皮肤有病损时,不能经完整皮肤吸收的毒物,也能大量吸收。除毒物本身的化学特性外,毒物的浓度和黏稠度、皮肤接触的面积、部位,外界的气温、湿度等也会影响皮肤的吸收。

(3) 消化道。在生产环境中,单纯从消化道吸收而引起中毒的机会比较少见。往往是由于手被毒物污染后,又直接用污染的手拿食物吃,从而造成毒物随食物进入消化道。有的毒物如氰化氢,在口腔内即可经黏膜吸收。

4. 生产性毒物的危害

由于接触生产性毒物引起的中毒,称为职业中毒。生产性毒物可作用于人体的如下多个系统之中:

(1) 神经系统。铅、锰中毒可损伤运动神经、感觉神经,引起周围神经炎。震颤常见于锰中毒或急性一氧化碳中毒后遗症。重症中毒时可引发脑水肿。

(2) 呼吸系统。一次性大量吸入高浓度的有毒气体可引起窒息;长期吸入刺激性气体能引起慢性呼吸道炎症,可出现鼻炎、咽炎、支气管炎等上呼吸道炎症;长期吸入大量刺激性气体可引起严重的呼吸道病变,如化学性肺水肿和肺炎。

(3) 血液系统。铅可引起低血色素贫血,苯及三硝基甲苯等毒物可抑制骨髓的造血功能,表现为白细胞和血小板减少,严重者可发展为再生障碍性贫血。一氧化碳可与血液中的血红蛋白结合形成碳氧血红蛋白,使人体组织缺氧。

(4) 消化系统。汞盐、砷等毒物经口大量进入人体时,可出现腹痛、恶心、呕吐与出血性肠胃炎。铅及铊中毒时，可出现剧烈的持续性的腹绞痛，并有口腔溃疡、牙龈肿胀、牙齿松动等症状。长期吸入酸雾，可使牙釉质破坏、脱落。四氯化碳、溴苯、三硝基甲苯等可引起急性或慢性肝病。

（5）泌尿系统。汞、铀、砷化氢、乙二醇等可引起中毒性肾病，如急性肾功能衰竭、肾病综合征和肾小管综合征等。

（6）其他。生产性毒物还可引起皮肤、眼睛、骨骼病变。许多化学物质可引起接触性皮炎、毛囊炎。接触铬、铍的工人的皮肤易发生溃疡，如长期接触焦油、沥青、砷等，可引起皮肤黑变病，甚至诱发皮肤癌。酸、碱等腐蚀性化学物质可引起刺激性眼结膜炎或角膜炎，严重者可导致化学性灼伤。溴甲烷、有机汞、甲醇等中毒可造成视神经萎缩，以致失明。有些工业毒物还可诱发白内障。

5. 毒物的职业接触限值

国家标准《工作场所有害因素职业接触限值》中规定了 330 种化学有害因素、47 种生产性粉尘、1 种生物类有害因素、8 类物质有害因素的职业接触限值。接触限值是指劳动者在职业活动过程中长期反复接触对肌体不引起急性或慢性有害健康影响的容许接触水平。化学因素的职业接触限值可分为时间加权平均容许浓度、最高容许浓度和短时间接触容许浓度 3 类。

时间加权平均容许浓度是指以时间为权数规定的 8 h 工作日的平均容许接触水平；最高容许浓度是指在工作地点、一个工作日内、任何时间不应超过的有毒化学物质的浓度；短时间接触容许浓度是指在一个工作日内，任何一次接触不得超过 15 min 时间加权平均的容许浓度接触水平。

四、常见职业中毒的典型症状

(1) 铅中毒。铅是常见的工业毒物。职业性铅中毒主要为慢性中毒。患者早期常感乏力、口内有金属味、肌肉关节酸痛等,随后可出现神经衰弱综合征、食欲不振、腹部隐痛、便秘等。当病情加重时患者出现四肢远端麻木,触觉、痛觉减退等神经炎表现,并有握力减退感。少数患者在牙龈边缘有蓝色"铅线"。重症患者可出现肌肉活动障碍。腹绞痛是铅中毒的典型症状,多发生于脐周部,也可发生在上腹部或下腹部。每次发作可持续几分钟到几十分钟。另外,还会有中度贫血表现,有时伴发高血压。

(2) 汞(水银)中毒。慢性汞中毒是职业性汞中毒中最常见的类型,在汞污染较严重的作业环境中会逐渐发病。初期常表现为神经衰弱综合征,出现头晕、头痛、乏力、睡眠障碍、记忆力减退、脱发等症状。随病情进展,可出现典型的"汞兴奋症",情绪不稳、急躁、易兴奋、激动、恐惧、胆怯、害羞、好哭、注意力不集中。个别患者有焦虑不安、抑郁、幻觉、孤僻等表现,检查可见"汞性震颤",严重者写字、吃饭、系扣等动作都会十分困难。

(3) 一氧化碳中毒。一氧化碳急性中毒的典型症状有头痛、头昏、四肢无力、恶心、呕吐甚至昏迷,还可出现脑水肿、心肌损害、肺水肿等并发症。

(4) 硫化氢中毒。硫化氢急性中毒的典型症状有明显的头痛、头晕,出现意识障碍;或有明显的黏膜刺激症状,出现咳嗽、胸闷、视物模糊、眼结膜水肿及角膜溃疡等,重症者可出现昏迷、肺水肿、呼吸循环衰竭或"电击样"死亡。

(5) 苯中毒。急性苯中毒主要表现为中枢神经系统症状,轻者起初有黏膜刺激症状，随后出现兴奋或酒醉状态，并伴有头晕、恶心、呕吐等。重症可出现阵发性或强直性抽搐、脉搏弱、呼吸浅表、血压下降、昏迷等，甚至会呼吸衰竭导致死亡。

慢性苯中毒最常表现为神经衰弱综合征，主要症状为头痛、头晕、记忆力减退、失眠等，有的出现植物神经功能紊乱现象，如心动过速或过缓，个别晚期病例可有四肢末端麻木和痛觉减退的现象。

◎相关知识

职业中毒的诊断较为复杂，患者就医时应向医生充分说明职业史（如车间、工种、工龄及劳动现场可能接触到的职业危害因素等），这对医生作出准确的诊断尤为重要。

◎事故案例

2004年3月7日，常熟市某建材有限公司因热浸镀锌钢卷生产线铅槽有铅泄漏而进行检修，由10名作业工人分日夜两班轮流对铅槽底渗出的铅用机械方法清理，作业时间每班8 h。作业过程中，为了加快清理进度，从2004年3月10日开始，工人改变作业方法，用氧乙炔切割的方法清除铅块。4天后，也就是2004年3月14日，10名作业工人中有4人出现头昏乏力、周身不适、恶心呕吐、腹部不适等症状，被立即送往常熟市第二人民医院进行对症治疗和临床医学观察。经检测，有7名工人尿铅超过职业接触限值0.07 mg/L，最大尿铅测得值为0.54 mg/L，其中有4名患者尿铅检测指标达到并超过诊断值0.12 mg/L，且出现明显的临床症状，经过综合分析，确诊为职业性慢性轻度铅中毒。

铅是一种银白色略带蓝色的软金属，熔点327℃，加热至400～500℃时，即有大量铅蒸气逸出，在空气中氧化并凝聚为铅烟。本次中毒事故是由于作业工人违反操作规程，用氧乙炔切割铅块。在切割过程中，使空气中凝聚大量的含铅化合物烟尘，再加上工人没有使用防护用具，导致作业工人吸入铅烟尘中毒。

五、职业中毒的预防措施

预防职业中毒必须采取如下综合性的防治措施：

（1）消除毒物。从生产工艺流程中消除有毒物质，用无毒物或低毒物代替有毒物，改革能产生有害因素的工艺过程，改造技术设备，实现生产的密闭化、连续化、机械化和自动化，使作业人员脱离或减少直接接触有害物质的机会。

（2）密闭、隔离有害物质污染源，控制有害物质逸散。对逸散到作业场所的有害物质要采取通风措施，控制有害物质的飞扬、扩散。

（3）加强对有害物质的监测，控制有害物质的浓度，使其低于国家有关标准规定的最高容许浓度。

（4）加强对毒物及预防措施的宣传教育。建立健全安全生产责任制、卫生责任制和岗位责任制。

（5）加强个人防护。在存在毒物的作业场所作业应使用防护服、防护面具、防毒面罩、防尘口罩等个人防护用品。

（6）提高机体免疫力。因地制宜地开展体育锻炼，注意休息，加强营养，做好季节性多发病的预防。

（7）接触毒物作业的人员要定期进行健康检查。必要时实行转岗、换岗作业。

六、噪声的危害及其控制

对人体有害的，人们不需要的一切声音都是噪声。在生产过程中产生的噪声称为生产性噪声。

1. 噪声污染的特点

噪声污染同水、气、渣等物质的污染相比，具有如下显著特点：

(1) 能量性。噪声污染是能量的污染，它不具有物质的累积性。声源一旦关闭，污染便立即消除。噪声的能量转化系数很低，约为 10^{-6}，即百万分之一。换言之，1 kW 的动力机械，大约只有 1 mW 变为噪声能量辐射。

(2) 波动性。声能是以波动的形式传播的，因此，噪声特别是低频噪声具有很强的绕射能力。噪声可以说是"无孔不入"。

(3) 局限性。一般的噪声源只能影响它周围的一定区域。它不会像大风中的颗粒物质那样能飘散到很远的地方，其扩散和危害具有局限性。

(4) 难避性。突发的噪声是难以逃避的，"迅雷不及掩耳"就是这个意思。人耳这个器官不会像眼睛那样迅速闭合来防止光污染，也不会像鼻子那样遇有异味屏气以待。即使在睡眠中，人耳还会受到噪声的污染。由于噪声以 340 m/s 的速度传播，因而人们即使闻声而跑，也避之不及。

(5) 危害潜伏性。有人认为，噪声污染死不了人，因而不重视噪声的防治。多数暴露在 90 dB 左右噪声条件下的职工，也认为能够忍受，实际上这种"忍受"是以听力偏移为代价的。生活环境中的噪声污染，主要带来的是语言干扰、睡眠干扰和烦恼效应，由此会引起神经衰弱及其他非特异性疾病。因此，噪声的危害是不可低估的。

2. 生产性噪声的分类

生产性噪声按其声音的来源来分，可分为 3 类：

(1) 机械性噪声。由于机器转动、摩擦、撞击而产生的噪声，如各种车床、轧钢机、球磨机等机械所发出的声音。

（2）空气动力性噪声。由于气体体积突然发生变化，引起压力突变或气体中有涡流，导致气体分子扰动而产生的噪声，如鼓风机、通风机、空气压缩机、燃气轮机等发出的声音。

（3）电磁性噪声。由于电气设备中交变力相互作用而产生的噪声，如发电机、变压器、电动机发出的声音。

3. 噪声对人体的危害

噪声对人体的影响是全身心、多方面的。噪声会妨碍人们的正常工作和休息。在噪声环境中工作，人容易感觉疲乏、烦躁，以及注意力不集中、反应迟钝、准确性降低等。噪声可直接影响作业能力和效率。由于噪声掩盖了作业场所的危险信号或警报，使人不易察觉到危险的来临，往往还会导致工伤事故的发生。长期接触强烈噪声会对人体如下几个系统产生有害影响：

（1）听力系统。噪声的有害作用表现在对听力系统的损害上。在强噪声作用下，可导致人永久性的听力下降，引起噪声聋；极强噪声可导致听力器官发生急性外伤，即爆震性聋。

（2）神经系统。长期接触噪声可导致大脑皮层兴奋和抑制功能的平衡失调，出现头痛、头晕、心悸、耳鸣、疲劳、睡眠障碍、记忆力减退、情绪不稳定、易怒等症状。

（3）其他系统。长期接触噪声可引起其他系统的应激反应，如可导致心血管系统疾病加重，引起肠胃功能紊乱等。

◎相关知识

《工业企业噪声卫生标准（试行草案）》规定，工业企业的生产车间和作业场所的工作地点噪声标准为不超过 85 dB（A）。现在工业企业经过努力暂时达不到标准时,可适当放宽,但不得超过 90 dB。

对每天接触噪声不到 8 h 的工种,根据企业种类和条件,噪声标准可相应放宽,但无论接触噪声时间有多短,噪声最高都不得超过 115 dB。

4. 作业场所噪声危害的控制

采用一定的措施可以降低噪声的强度,减小噪声危害。这些措施主要有:

(1) 采取技术措施控制噪声的产生。这是防止噪声危害的根本措施。应根据具体情况,采取不同的解决方式。采用无声或低声设备代替发出噪声的设备,如用液压代替高噪声的锻压。对于生产允许远置的噪声源,如风机、电动机等,应移至车间外或采取隔离措施。

(2) 控制噪声的传播。可采取消声、吸声和隔声等措施。消声器是能阻止声音传播而允许气流通过的装置,是防止空气动力性噪声的主要措施。采用吸声材料装饰在车间的内表面或悬挂在车间内,能吸收辐射和反射能量,使噪声强度减弱。在某些情况下,可以利用一定的材料和装置把声源封闭起来,使其与周围环境隔绝起来,如隔声罩、隔声间等。

(3) 加强个人防护,使用劳动防护用具。合理使用防噪声耳塞、耳罩,具有一定的防噪声效果。根据耳道大小选择合适的耳塞,隔声效果可达 30~40 dB,其对高频噪声的阻隔效果更好。改善劳动作业安排,工作日中穿插休息时间,休息时间离开噪声环境,限制噪声作业的工作时间,可减轻噪声对人体的危害。

(4) 卫生保健措施。接触噪声的人员应定期进行体检。以听力检查为重点,对于已出现听力下降者,应加以治疗和加强观察,严重者应调离噪声作业岗位。有明显的听觉器官疾病、心血管病、神经系统器质性疾病者，不得参加接触强烈噪声的工作。

◎**相关知识**

2004年，在对阜新地区纺织行业噪声危害对工人健康影响的调查中发现，噪声对人体健康的影响十分明显。噪声对作业工人最主要的职业危害是导致噪声性听力损伤，早期主要是引起高频听力损伤，严重时可引起语频听力损伤，造成噪声性耳聋。对听觉外系统的影响主要是引起心血管系统的损害，长期暴露在噪声环境中还可能会对神经系统造成不良影响。

七、振动的危害及其控制

1. 振动的危害

振动是物体以中心为基准，在外力的作用下做往复运动的现象。在生产过程中，由机器转动、撞击或车船行驶等产生的振动为生产性振动。产生生产性振动的振动源有风动工具、电动工具、运输工具、农业机械等。

振动作用于人体后，人在感觉上会引起不舒适，强烈的振动甚至令人无法忍受。振动可使人们的作业能力下降，引起姿势平衡和空间定向的障碍，影响听力和手眼动作配合的准确度，影响注意力集中，容易疲劳，导致工作效率降低。强烈的振动会造成组织器官移位、挤压，进而影响机体正常的生理功能，冲撞性振动甚至还会造成人体组织损伤。在长期振动的作用下，可引起周围神经和血管功能的改变、脚腿痛、下肢疲劳及感觉异常。由于前庭和内脏受振动刺激后的反射作用，可出现脸色苍白、冷汗、恶心、呕吐、头昏、眩晕、呼吸浅表、脉搏和血压降低等现象。

2. 振动危害的控制措施

预防振动的危害应从工艺改革入手，在可能的条件下，以液压、焊接、粘接等新工艺代替铆接；改进风动工具，采用减振装置，设计自动或半自动式操纵装置，减少手及肢体直接接触振动体的机会；工具把手设缓冲装置；改进压缩空气的出口方位；防止工人受冷风吹袭，振动作业工人应发放双层衬垫无指手套或衬垫泡沫塑料的无指手套，以减振保暖。

建立合理的劳动制度，按接触振动的强度和频率，订立工间休息及定期轮换制度，并对日接触时间给予一定限制。

八、辐射危害及防护措施

1. 电磁辐射对人体的危害

电磁辐射有射频辐射、红外线、紫外线、激光、X射线及α射线等。

（1）射频辐射。包括高频电磁场、超高频电磁场和微波等。射频辐射对人体的影响不会导致组织器官的器质性损伤，主要是引起功能性改变，并具有可逆性特征，在停止接触射频辐射数周或数月后往往恢复。

（2）红外线辐射。红外线辐射对肌体的影响主要在皮肤和眼睛。

（3）紫外线辐射。强烈的紫外线辐射作用可引起皮炎，表现为弥漫性红斑，有时可出现小水泡和水肿，并有发痒、烧灼感。在作业场所比较多见的是紫外线对眼睛的损伤，即由电弧光照射所引起的职业病——电光性眼炎。

（4）激光。激光对人体的危害是由它的热效应和光化学效应所造成的，能烧伤皮肤。

(5) X射线及α射线等。在一些特殊的工作场所，职工有可能接触到放射性物质（放射源）。放射源发出的放射线可作用于人体的细胞、组织和体液，直接破坏肌体结构或使人体神经内分泌系统调节发生障碍。当人体受到超过一定剂量的放射线照射时，便可产生一系列的病变（放射病），严重的可造成死亡。

◎相关知识

放射源发出的射线，人们是看不见、闻不到、摸不着的，可能在无形中就对人体造成了伤害。因此，在进入工作场所前，作业人员要了解现场是否有放射源。作业人员应熟知放射源物质的标签、标识的包装，严格遵守操作规程。

◎事故案例

1995年1月15日，四川省泸州市某化工建设公司工业X、Y探伤班的一名临时工王某在进行作业时，与其一起使用活度为64Ci（居里）、原子量为192的放射源元素铱（Ir）探伤机进行管线焊口摄片的另一临时工李某在推送192 Ir源以控制曝光时间时，不留神将放射源摇反，因无警报器，致使王某在进行贴片时，全身受到不均匀放射性误照射。王某当晚即失眠，次日出现呕吐、毛发脱落、四肢无力等症状，6～7天后双手出现红肿、水疱，在该化工建设公司工地医务室作一般外伤诊治，1995年4月初伤者双手"基本治愈"。1996年5月，伤者左手拇指和食指以及右手拇指开始肿大，皮下出现脓液，在当地卫生院医治无效，于1996年10月27日做左手拇指和食指以及右手拇指切除手术。经四川省放射病诊断组会诊结果为：①轻度急性放射病（恢复期）；②双手放射性皮肤损伤Ⅲ度（左拇指、食指、右拇指截指，经劳动部门鉴定为6级致残）；③双手放射性骨损伤。

2. 防辐射措施

在有放射源的工作场所中，应采取以下严格的防护措施：

(1) 严格遵守并执行放射源使用和保管的安全操作规程与制度。

(2) 严格控制辐射剂量。工作时随时检查辐射剂量，建立个人接受辐射剂量卡，保证工人在容许的辐射剂量下工作。

(3) 缩短受照射时间，工作时可实行轮换操作制度。

(4) 尽量增大与放射源的操作距离，距离越远，受辐射危害越小，如使用机械手远距离操作。

(5) 采用屏蔽材料（如混凝土、铅）遮挡放射源发出的射线。

(6) 操作中严格遵守个人卫生防护措施，穿戴好工作服、工作帽，防止放射性物质污染皮肤或经口进入体内。

(7) 加强宣传教育。学习辐射危害的卫生知识和防护措施。非相关操作人员不得进入有放射源警示标志的作业场所。

(8) 定期体检。对接触放射源的工作人员实行就业前健康检查和定期健康检查制度。

九、防暑降温

1. 高温作业对人体的影响

当高温环境的热强度超过一定限度时，可对人体产生多方面的不利影响。主要有以下几个方面：

(1) 人体热平衡。在高温环境下作业可导致人体体温上升。如人体体温上升到 38℃ 以上时，一部分人即可表现出头痛、头晕、心慌等症状。严重者可能导致中暑或热衰竭。

(2) 水盐代谢。高温作业者由于排汗增多而丧失大量水分、盐分，若水分、盐分不能及时得到补充，可出现工作效率低、乏力、口渴、脉搏加快、体温升高等现象。

(3) 循环系统。在高温条件下作业时，人的皮肤血管扩张，血管紧张度降低，可致使血压下降。但在高温与重体力劳动相结合的情况下，血压也可增高，但舒张压一般不增高，甚至略有降低。脉搏加快，心脏负担加重。

(4) 消化系统。在高温环境下作业，易引起消化道胃液分泌减少，因而食欲减退。高温作业工人消化道疾病患病率往往高于一般工人，而且工龄越长，患病率越高。

(5) 泌尿系统。长期在高温条件下作业，若水盐供应不足，可使尿浓缩，增加肾脏负担，有时可以导致肾功能不全。

(6) 神经系统。在高温、热辐射环境下作业，可出现中枢神经系统抑制，注意力和肌肉工作能力降低，动作的准确性和协调性差。由于劳动者的反应速度降低，正确性和协调性受到阻碍，所以容易发生工伤事故。

2. 防暑降温措施

做好防暑降温工作，必须采取综合性措施。主要包括：

(1) 做好防暑降温的组织保障，加强宣传教育。

(2) 改革工艺，改进设备，认真落实隔热与通风的技术措施。

(3) 保证休息。在高温下作业应尽量缩短工作时间，可采用小换班、增加工作休息次数、延长午休时间等方法。休息地点应远离热源，应备有清凉饮料、风扇、洗澡设备等。有条件的可在休息室安装空调或采取其他防暑降温措施。

(4) 高温作业人员应适当饮用合乎卫生要求的含盐饮料，以补充人体所需的水分和盐分。增加蛋白质、热量、维生素等的摄入，以减轻疲劳，提高工作效率。

（5）加强个人防护。高温作业的工作服应结实、耐热、宽大、便于操作，应按不同作业的需要，佩戴工作帽、防护眼镜、隔热面罩及穿隔热靴等。

（6）高温作业人员应进行就业前和入暑前体检，凡有心血管系统疾病、高血压、溃疡病、肺气肿、肝病、肾病等疾病的人员，不宜从事高温作业。

◎相关知识

根据中暑以及发病机理不同，分为日射病、热射病和热痉挛 3 种。

（1）日射病

夏季野外作业时，若头部防护不好，受太阳热辐射线的作用，使脑膜充血、出血，脑组织水肿，颅内压和颅内温度增高，头皮和面部潮红，头晕、眼花、耳鸣、恶心呕吐，重者突然昏倒、抽搐，若不及时抢救，则昏迷死亡。

（2）热射病

1）过热型。常在气温高、热辐射强烈和相对湿度高的条件下发生，此时身体散热困难，热量在体内蓄积过多，体温可高达 40℃，皮肤燥热无汗，脉搏快而无力，呼吸快而表浅，头晕痛，恶心呕吐，重者昏迷抽搐，最后因呼吸衰竭而死亡。

2）衰竭型。此型的病因同过热型。由于心脏负担过重，因而发生循环衰竭征兆。表现为起病急，一开始就面色苍白。皮肤湿冷，血压下降，瞳孔散大，意识模糊，可因休克死亡。

（3）热痉挛

由于大量出汗，水钠丧失过多，体内电解质平衡发生紊乱，肌肉痉挛、疼痛，先自小腿开始，再向大腿及腹部扩展，口渴尿少，继而软瘫昏迷，可因脱水失钠性休克死亡。

十、低温作业的危害及防护措施

1. 低温作业的类型

低温作业是指在寒冷季节从事室外作业以及室内无采暖的作业，或在冷藏设备的低温条件下以及在极区的作业。在低温环境中，肌体散热加快，引起身体各系统的一系列生理变化，可以造成局部性或全身性损伤，如冻伤或冻僵，甚至会导致死亡。

我国东北、华北及西北部分地区属于寒区。其气候特点是气温低、寒期长、温差大、寒潮多；雪期长，积雪深；结冻期长，冻土层厚。在这些地区遇到严寒强风潮湿条件，从事露天作业以及工艺上要求低温环境车间的，尤其是在衣服潮湿、饥饿时易发生冻伤。容易发生冻伤的作业，有以下几种类型：

（1）冬季在寒冷地区或极区从事露天或野外作业，如建筑、装卸、农业、地质勘探、野外考察研究等，以及在室内因条件限制或其他原因而无采暖的作业。

（2）在人工低温环境中工作，如储存肉类的冷库和酿造业的地窖等，这类低温作业的特点是没有季节性。

（3）遇到在暴风雪中迷途、过度疲劳、船舶遇难等意外事故。

（4）在寒冷天气中进行训练。

（5）人工冷却剂的储存、运输和使用过程中发生意外。

2. 低温作业对人体的影响

低温作业对人体的影响主要表现在如下几个方面：

(1) 体温调节。寒冷刺激皮肤，引起人体皮肤血管收缩，身体减少散热，同时内脏血流量增加，代谢加强，肌肉产生剧烈收缩，产热增加，可保持正常体温。如果在低温环境中的时间过长，超过了人体的适应和耐受能力，体温调节发生障碍，当直肠温度降为30℃时，即出现昏迷，一般认为体温降至26℃以下极易引起死亡。

(2) 中枢神经系统。在低温条件下，脑内高能磷酸化合物的代谢降低，此时神经兴奋性与传导能力减弱，出现痛觉迟钝和嗜睡状态。

(3) 心血管系统。低温作用初期，心脏血输出量增加，后期则心率减慢、心脏血输出量减少。长时间在低温作用下可导致循环血量、白细胞和血小板减少，从而引起凝血时间延长，血糖降低。寒冷和潮湿能引起血管长时间痉挛，致使血管营养和代谢发生障碍，加之血管内血流缓慢，易形成血栓。

(4) 其他部位。如果较长时间处于低温环境中，由于神经系统兴奋性降低，神经传导减慢，可造成感觉迟钝、肢体麻木、反应速度和灵活性降低，活动能力减弱。最先影响手足，可使作业能力受到不同程度的影响，由于动作能力降低，差错率和废品率上升。在低温下人体其他部位也发生相应变化，如呼吸减慢，血液黏稠度逐渐增加，胃肠蠕动减慢等。由于过冷，致使全身免疫力和抵抗力降低，易患感冒、肺炎、肾炎等疾病，同时还可引起肌痛、神经痛、腰痛、关节炎等。

3. 低温作业的防护措施

(1) 做好采暖和保暖工作。应当按照国家有关规定，在工作场所设置必要的采暖设备，冬季室内作业车间温度最好不低于15℃。露天作业，应在工作地点附近设立取暖室，以供工人轮流休息和取暖之用。

（2）注意个人防护。在低温环境中工作，应穿导热性小、吸湿性强的防寒服装、鞋靴、手套、帽子等。在潮湿环境下劳动时，应穿戴橡胶长靴或橡胶围裙等防湿用品。工作前后涂搽防护油膏也有一定的保护作用。必须使低温作业工人在就业时掌握防寒知识，养成良好的卫生习惯。

（3）卫生保健措施。加强耐寒锻炼，能够提高肌体对低温的适应能力，这是防止低温危害的有效方法之一。故经常洗冷水浴或用冷水擦身，较短时间的寒冷刺激结合体育锻炼，均可提高人体对寒冷的适应能力。低温作业工人应增加富含脂肪、蛋白质和维生素的食物，以提供较多的能量，提高对寒冷的耐受性。建立合理的劳动制度，尽量避免在低温环境中一次停留时间过长，或在没有特殊防护的情况下，在低温环境中睡眠。对于低温作业人员，应定期体检，年老、体弱及有心血管、肝、肾等疾病患者，应避免从事低温作业。

第三节　职业健康监护和职业病管理

一、职业健康监护

职业健康监护对从业人员来说是一项预防性措施，是法律赋予从业人员的权利，是用人单位必须对从业人员承担的义务。其主要内容包括：职业健康检查、建立职业健康监护档案。

1. 职业健康检查

包括上岗前、在岗期间、离岗时和应急的健康检查。

（1）上岗前的健康检查。用人单位应组织接触职业病危害因素的劳动者进行上岗前的职业健康检查,不得安排未经上岗前职业健康检查的劳动者从事接触职业病危害因素的作业,筛选职业禁忌证,保证不安排他们从事所禁忌的作业。

(2) 在岗期间的健康检查。用人单位应组织接触职业病危害因素的劳动者进行在岗期间的定期职业健康检查,发现职业禁忌证者有与所从事职业相关的健康损害的,应及时调离原工作岗位并妥善安置;对需要复查和医学观察的劳动者,应当按照体检机构要求的时间安排复查和医学观察。

(3) 离岗时的健康检查。用人单位对接触职业病危害因素的劳动者,应进行离岗时的职业健康检查,对未进行离岗时职业健康检查的劳动者,不得解除或终止与其订立的劳动合同。用人单位发生分合、解散、破产时,也应对接触职业危害因素的工人进行健康检查,并按照国家有关规定妥善安置职业病病人。

(4) 应急检查。用人单位对遭受或可能遭受急性职业病危害的劳动者,应及时组织其进行健康检查和医学观察。

2. 职业健康监护档案

用人单位应建立职业健康监护档案,每人1份。用人单位应妥善保存职业健康监护档案。从业人员有权查阅、复印本人的职业健康档案;离开用人单位时有权索取本人健康监护档案复印件。用人单位应当如实、无偿向劳动者提供其本人的健康档案,并在所提供的复印件上签章。

二、职业病的预防

1. 工作环境要求

产生职业病危害的用人单位,其工作场所应当符合下列职业卫生要求：

(1) 职业病危害因素的强度或者浓度符合国家职业卫生标准。

(2) 有与职业病危害防护相适应的设施。

(3) 生产布局合理，符合有害与无害作业分开的原则。

(4) 有配套的更衣间、洗浴间、孕妇休息间等卫生设施。

(5) 设备、工具、用具等设施符合保护劳动者生理、心理健康的要求。

(6) 法律、行政法规和国务院卫生行政部门关于保护劳动者健康的其他要求。

2. 职业病防治措施

用人单位应当采取下列职业病防治措施：

(1) 设置或者指定职业卫生管理机构或者组织，配备专职或者兼职的职业卫生专业人员负责本单位的职业病防治工作。

(2) 制订职业病防治计划和实施方案。

(3) 建立、健全职业卫生管理制度、操作规程、职业卫生档案和劳动者健康监护档案。

(4) 建立、健全工作场所职业病危害因素监测及评价制度。

(5) 建立、健全职业病危害事故应急救援预案。

(6) 采用有效的职业病防护设施，并为劳动者提供个人使用的职业病防护用品。

(7) 产生职业病危害的用人单位，应当在醒目位置设置公告栏，公布有关职业病防治的规章制度、操作规程、职业病危害事故应急救援措施和工作场所职业病危害因素检测结果。对产生严重职业病危害的作业岗位，应当在其醒目位置标注警示标志和中文警示说明。警示说明应当载明产生职业病危害的种类、后果、预防以及应急救治措施等内容。

（8）对可能发生急性职业损伤的有毒、有害工作场所，用人单位应当设置报警装置，配置现场急救用品、冲洗设备、应急撤离通道和必要的泄险区。

三、职业病的诊断

职业病诊断应当由省级以上人民政府卫生行政部门批准的医疗卫生机构承担。劳动者可以在用人单位所在地或者本人居住地依法承担职业病诊断的医疗卫生机构进行职业病诊断。职业病诊断证明书应当由参与诊断的医师共同签署，并经承担职业病诊断的医疗卫生机构审核盖章。

用人单位和医疗卫生机构发现职业病病人或者疑似职业病病人时，应当及时向所在地卫生行政部门报告。确诊为职业病的，用人单位还应当向所在地劳动保障行政部门报告。卫生行政部门和劳动保障行政部门接到报告后，应当依法作出处理。

当事人对职业病诊断有异议的，可以向作出诊断的医疗卫生机构所在地地方人民政府卫生行政部门申请鉴定。职业病诊断争议由设区的市级以上地方人民政府卫生行政部门根据当事人的申请，组织职业病诊断鉴定委员会进行鉴定。当事人对设区的市级职业病诊断鉴定委员会的鉴定结论不服的，可以向省、自治区、直辖市人民政府卫生行政部门申请再鉴定。

医疗卫生机构发现疑似职业病病人时，应当告知劳动者本人并及时通知用人单位。用人单位应当及时安排对疑似职业病病人进行诊断；在疑似职业病病人诊断或者医学观察期间，不得解除或者终止与其订立的劳动合同。

四、职业病病人的保障

职业病病人依法享受国家规定的职业病待遇。用人单位应当按照国家有关规定，安排职业病病人进行治疗、康复和定期检查。用人单位对不适宜继续从事原工作的职业病病人，应当调离原岗位，并妥善安置。用人单位对从事接触职业病危害的作业的劳动者，应当给予适当的岗位津贴。职业病病人的诊疗、康复费用，伤残以及丧失劳动能力的职业病病人的社会保障，按照国家有关工伤社会保险的规定执行。职业病病人除依法享有工伤社会保险外，依照有关民事法律，有权向用人单位提出赔偿要求。

职业病病人变动工作单位，其依法享有的待遇不变。用人单位发生分立、合并、解散、破产等情形的，应当对从事接触职业病危害作业的劳动者进行健康检查，并按照国家有关规定妥善安置职业病病人。

县级以上人民政府卫生行政部门依照职业病防治法律、法规、国家职业卫生标准和卫生要求，依据职责划分，对职业病防治工作及职业病危害检测、评价活动进行监督检查。

第6章 事故应急管理知识

第一节 事故应急救援系统

一、突发事件与应急救援的概念

根据《突发事件应对法》，突发事件是指突然发生，造成或者可能造成严重社会危害，需要采取应急处置措施予以应对的自然灾害、事故灾难、公共卫生事件和社会安全事件。按照社会危害程度、影响范围等因素，自然灾害、事故灾难、公共卫生事件分为特别重大、重大、较大和一般四级。

事故应急救援是指通过事前计划和应急措施，在事故发生时采取的消除、减少事故危害和防止事故恶化，最大限度地降低事故损失的措施。在生产过程中，一旦发生事故，往往造成生命、财产的损失和环境破坏。由于自然或人为、技术等原因，当事故或灾害不可能完全避免的时候，建立重大事故应急救援体系，组织及时有效的应急救援行动，已成为抵御事故风险或控制灾害蔓延、降低危害后果的关键甚至是唯一手段。

◎**法律知识**

《突发事件应对法》第四十二条规定，国家建立健全突发事件预警制度。按照突发事件发生的紧急程度、发展势态和可能造成的危害程度，可以预警的自然灾害、事故灾难和公共卫生事件的预警级别分为一级、二级、三级和四级，分别用红色、橙色、黄色和蓝色标示，一级为最高级别。

《突发事件应对法》第五十六条规定，受到自然灾害危害或者发生事故灾难、公共卫生事件的单位，应当立即组织本单位应急救援队伍和工作人员营救受害人员，疏散、撤离、安置受到威胁的人员，控制危险源，标明危险区域，封锁危险场所，并采取其他防止危害继续扩大的必要措施，同时向所在地县级人民政府报告。

突发事件发生地的其他单位应当服从人民政府发布的决定、命令，配合人民政府采取的应急处置措施，做好本单位的应急救援工作，并积极组织人员参加所在地的应急救援和处置工作。

二、应急救援的基本任务和特点

1. 应急救援的基本任务

事故应急救援的总目标是通过有效的应急救援行动，尽可能地降低事故的后果，包括人员伤亡、财产损失和环境破坏等。其基本任务包括：

（1）立即组织营救受害人员，组织撤离或者采取其他措施保护危害区域内的其他人员。抢救受害人员是应急救援的首要任务。在应急救援行动中，快速、有序、有效地实施现场急救与安全转送伤员，是降低伤亡率、减少事故损失的关键。应及时指导和组织群众采取各种措施进行自身防护，必要时迅速撤离危险区或可能受到危害的区域。在撤离过程中，应积极组织群众开展自救和互救工作。

（2）迅速控制事态，并对事故造成的危害进行检验、监测，测定事故的危害区域、危害性质及危害程度。只有及时地控制住危险源，防止事故的继续扩展，才能及时有效地进行救援。

(3) 消除危害后果，做好现场恢复。

(4) 查清事故原因，评估危害程度。

2. 应急救援的特点

事故应急救援工作十分复杂，具有不确定性、突发性、复杂性和后果、影响易猝发、激化、扩大的特点。因此，为了尽可能降低事故的后果及影响，减少事故所导致的损失，要求应急救援行动必须做到迅速、准确和有效。

(1) 迅速。就是要求建立快速的应急响应机制，能迅速准确地传递事故信息，迅速地召集所需的应急力量和设备、物资等资源，迅速建立统一指挥与协调系统，开展救援活动。

(2) 准确。要求有相应的应急决策机制，能基于事故的规模、性质、特点、现场环境等信息，正确地预测事故的发展趋势，准确地对应急救援行动和战术进行决策。

(3) 有效。主要指应急救援行动的有效性，包括应急队伍的建设与训练，应急设备（设施）、物资的配备与维护，预案的制定与落实以及有效的外部增援机制等。

◎相关知识

事故应急救援遵循统一指挥、分级负责、区域为主、单位自救和社会救援相结合的原则。

《安全生产法》第六十九条规定，危险物品的生产、经营、储存单位以及矿山、建筑施工单位应当建立应急救援组织；生产经营规模较小，可以不建立应急救援组织的，应当指定兼职的应急救援人员。

危险物品的生产、经营、储存单位以及矿山、建筑施工单位应当配备必要的应急救援器材、设备，并进行经常性维护、保养，以保证正常运转。

《突发事件应对法》第二十六条规定，单位应当建立由本单位职工组成的专职或者兼职应急救援队伍。县级以上人民政府应当加强专业应急救援队伍与非专业应急救援队伍的合作，联合培训、联合演练，提高合成应急、协同应急的能力。

◎救援案例

2007年7月29日8时40分左右，河南陕县支建煤矿东风井因暴雨引发地面洪水，经露头铝土矿坑和矿井老巷渗入井下，冲垮三道密闭，导致巷道被淹。矿方立即组织井下人员撤离，33人及时升井，69人被困井下。

事故发生后，国务院总理温家宝、国务委员华建敏分别作出重要批示，要求全力施救、科学施救，严防次生事故发生，确保被困矿工的生命安全。救援指挥部根据现场实际情况，制定了一堵、二排、三通风的科学救援方案。8月1日12时54分，随着最后一名矿工的安全升井，69名矿工在井下被困75个多小时后全部生还。

三、事故应急管理的过程

应急管理是对重大事故的全过程管理，贯穿于事故发生前、中、后的各个过程，充分体现了"预防为主，常备不懈"的应急思想。应急管理是一个动态的过程，包括预防、准备、响应和恢复4个阶段。

（1）预防。一是预防事故发生，二是减少事故损失。

（2）准备。包括应急机构的建立和职责落实、预案的编制、应急队伍的建设、应急设备（施）与物资的准备和维护、预案的演练、与外部应急力量的衔接等。

（3）响应。是在事故发生后立即采取的应急与救援行动，包括事故的报警与通报、人员疏散、急救与医疗、消防和工程抢险措施、信息收集与应急决策以及外部救援等。

（4）恢复。恢复工作应在事故发生后立即进行，包括事故损失评估、原因调查、清理废墟等。

四、事故应急救援系统的建立

1. 事故应急救援系统的基本结构

一个完整的应急体系应由组织体制、运作机制、法制基础和应急保障系统 4 个部分组成。

（1）组织体制。包括管理机构、功能部门、应急指挥、救援队伍。

（2）运作机制。包括统一指挥、分级响应、属地为主、公众动员。

（3）法制基础。包括紧急状态法、应急管理条例、政府令、标准等。

（4）保障系统。包括信息通信、物资装备、人力资源、经费财务。

2. 事故应急救援的响应级别

典型的响应级别可分为 3 级：

（1）一级紧急情况。必须利用所有有关部门及一切资源的紧急情况，或者需要各个部门同外部机构联合处理的各种紧急情况，通常要宣布进入紧急状态。

（2）二级紧急情况。需要两个或更多个部门响应的紧急情况。

（3）三级紧急情况。能被一个部门正常可利用的资源处理的紧急情况。

3. 事故应急救援的响应程序

按响应过程来分，事故应急救援的响应程序可分为接警与响应级

第 6 章 事故应急管理知识

别的确定、应急启动、救援行动、应急恢复和应急结束等几个过程，如图 6—1 所示。

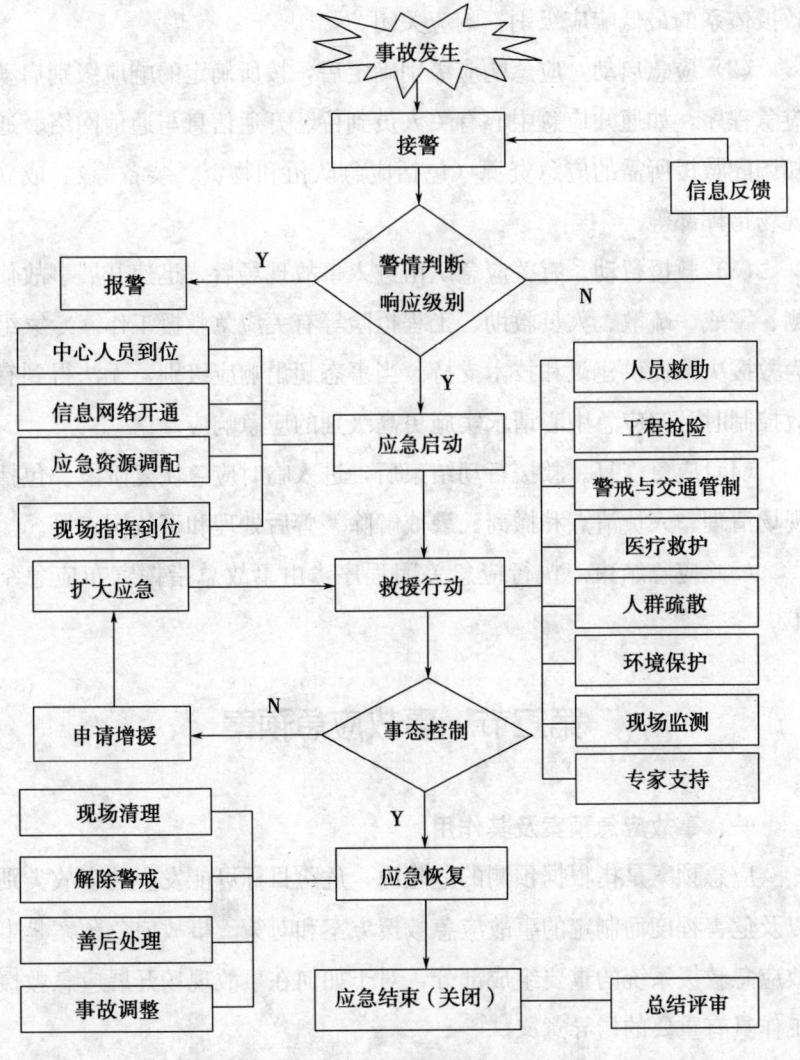

图 6—1　事故应急救援的响应程序

(1) 接警与响应级别确定。接到事故报警后，按照工作程序，对警情作出判断，初步确定相应的响应级别。如果事故不足以启动应急救援体系的最低响应级别，响应关闭。

(2) 应急启动。应急响应级别确定后，按所确定的响应级别启动应急程序，如通知应急中心有关人员到位、开通信息与通信网络、通知调配救援所需的应急资源（包括应急队伍和物资、装备等）、成立现场指挥部等。

(3) 救援行动。有关应急队伍进入事故现场后，迅速开展事故侦测、警戒、疏散、人员救助、工程抢险等有关应急救援工作。专家组为救援决策提供建议和技术支持。当事态超出响应级别，无法得到有效控制时，向应急中心请求实施更高级别的应急响应。

(4) 应急恢复。救援行动结束后，进入临时应急恢复阶段。包括现场清理、人员清点和撤离、警戒解除、善后处理和事故调查等。

(5) 应急结束。执行应急关闭程序，由事故总指挥宣布应急结束。

第二节 事故应急预案

一、事故应急预案及其作用

应急预案是指根据预测的危险源、危险目标可能发生的事故类别以及危害程度而制定的事故应急救援方案和对策。事故应急预案是事故应急救援系统的重要组成部分，对于如何在事故现场开展应急救援工作具有重要的指导意义。

事故应急预案在应急工作中起着关键作用，它明确了在突发事故发生之前、发生过程中以及刚刚结束之后，谁负责做什么、何时做，以及相应的策略和资源准备等。

事故应急救援预案的作用主要有：

（1）应急救援预案明确了应急救援的范围和体系，便于应急准备和应急管理，尤其利于培训和演习工作的开展。

（2）有利于作出及时的应急响应，降低事故的危害程度。

（3）成为各类突发重大事故的应急基础。通过编制基本应急预案，可以起到基本的应急指导作用。在此基础上，可以针对特定危害编制专项应急预案，有针对性地制定一般应急措施，进行专项应急准备和演习。

（4）当发生超过应急能力的重大事故时，便于与上级部门的协调。

（5）有利于提高风险防范意识。

◎相关知识

《突发事件应对法》第二十三条规定，矿山、建筑施工单位和易燃易爆物品、危险化学品、放射性物品等危险物品的生产、经营、储运、使用单位应当制定具体应急预案，并对生产经营场所、有危险物品的建筑物、构筑物及周边环境开展隐患排查，及时采取措施消除隐患，防止发生突发事件。

二、事故应急预案的分级与层次

根据可能发生的事故的影响范围、地点及应急方式，将事故应急预案分为5种级别：

（1）Ⅰ级（企业级）应急预案。

（2）Ⅱ级（市、县/社区级）应急预案。

(3) Ⅲ级（地区/市级）应急预案。

(4) Ⅳ级（省级）应急预案。

(5) Ⅴ级（国家级）应急预案。

应急预案可分为 3 个层次：

(1) 综合预案。相当于总体预案，从总体上阐述应急预案的方针、政策、应急组织结构及相应的职责，应急行动的总体思路等。

(2) 专项预案。是针对某种具体的、特定类型的紧急情况，如危险物质泄漏、火灾、某一自然灾害等的应急而制定的。

(3) 现场处置方案。是在专项预案的基础上，根据具体情况而编制的。是针对特定的具体场所（即以现场为目标），通常是该类型事故风险较大的场所、装置或重要防护区域等所制定的预案。现场处置方案的另一种特殊形式是单项预案，是针对临时活动中可能出现的紧急情况，预先对相关应急机构的职责、任务和预防性措施作出的安排。

综合应急预案和专项应急预案可以合并编写。

◎相关知识

2006 年 1 月 8 日，国务院发布了《国家突发公共事件总体应急预案》，国务院办公厅设国务院应急管理办公室。随后，国务院又相继发布了《国家安全生产事故灾难应急预案》《国家处置铁路行车事故应急预案》等 9 个事故灾难类突发公共事件专项应急预案。

2006 年，国家安全生产监督管理总局发布了《矿山事故灾难应急预案》《危险化学品事故灾难应急预案》《冶金事故灾难应急预案》等 6 个部门预案和《生产经营单位安全事故应急预案编制导则》（行业标准，2006 年 11 月 1 日起实施）。

三、应急预案的编制程序

生产经营单位安全生产事故应急预案的编制主要包括以下几个过程：

(1) 成立预案编制工作组。结合本单位部门职能分工，成立以单位主要负责人为领导的应急预案编制工作组，明确编制任务、职责分工，制订工作计划。

(2) 资料收集。收集应急预案编制所需的各种资料（相关法律法规、应急预案、技术标准、国内外同行业事故案例分析、本单位技术资料等）。

(3) 危险源与风险分析。在危险因素分析及事故隐患排查、治理的基础上，确定本单位的危险源、可能发生事故的类型和后果，进行事故风险分析，并指出事故可能产生的次生、衍生事故，形成分析报告，分析结果作为应急预案的编制依据。

(4) 应急能力评估。对本单位应急装备、应急队伍等应急能力进行评估，并结合本单位实际，加强应急能力建设。

(5) 应急预案编制。针对可能发生的事故，按照有关规定和要求编制应急预案。在应急预案编制过程中，应注重全体人员的参与和培训，使所有与事故有关人员均掌握危险源的危险性、应急处置方案和技能。应急预案应充分利用社会应急资源，与地方政府预案、上级主管单位以及相关部门的预案相衔接。

(6) 应急预案评审与发布。应急预案编制完成后应进行评审。评审由本单位主要负责人组织有关部门和人员进行。外部评审由上级主管部门或地方政府负责安全管理的部门组织审查。评审后，按规定报有关部门备案，并经生产经营单位主要负责人签署发布。

◎问题分析

某企业事故应急预案由调度室主任利用业余时间编写,且确定安全副厂长为预案负责人。预案规定,在发生重大毒气泄漏事故时,副厂长向公安部门和安全生产监督管理部门报告,由公安部门通知附近居民疏散。预案编写完成后,经厂长审阅后下发给有关部门负责人。

请问:该企业的预案编制存在什么问题?

四、应急预案的主要内容

《生产经营单位安全生产事故应急预案编制导则》规定,应急预案的主要内容如下:

1. 综合应急预案的主要内容

(1) 总则。

(2) 生产经营单位的危险性分析。

(3) 组织机构及职责。

(4) 预防与预警。

(5) 应急响应。

(6) 信息发布。

(7) 后期处置。

(8) 保障措施。

(9) 培训与演练。

(10) 奖惩。

(11) 附则与附件。

2. 专项应急预案的主要内容

(1) 事故类型和危害程度分析。

(2) 应急处置基本原则。

(3) 组织机构及职责。

(4) 预防与预警。

(5) 信息报告程序。

(6) 应急处置。

(7) 应急物资与装备保障。

3. 现场处置方案的主要内容

(1) 事故特征。

(2) 应急组织与职责。

(3) 应急处置。

(4) 注意事项。

五、应急预案的演练

1. 应急演练的作用

在应急预案编制完成后，应进行应急预案的演练，在预案实施中也应该定期进行演练。应急预案的演练是检验、评价和保持应急能力的一个重要手段。其重要作用有：可在事故真正发生前暴露预案和程序的缺陷，发现应急资源的不足（包括人力和设备等），增强各应急部门、机构、人员之间的协调性，增强公众应对突发重大事故救援的信心和应急意识，提高应急人员的熟练程度和技术水平，进一步明确各自的岗位与职责，提高各级预案之间的协调性，提高整体应急反应能力。

2. 应急演练的参与人员

应急演练的参与人员包括参演人员、控制人员、模拟人员、评价人员和观摩人员等，并且在演练过程中都应佩戴能表明其身份的识别符。

（1）参演人员。指在应急组织中承担具体任务，并在演练过程中尽可能对演练情景或模拟事件做出真实情景下可能采取的响应行动的人员，相当于是通常所说的演员。

（2）控制人员。根据演练情景，控制演练时间进度的人员。控制人员根据演练方案及演练计划的要求，引导参演人员按响应程序行动，并不断给出情况或消息，供参演的指挥人员进行判断、提出对策。

（3）模拟人员。指演练过程中扮演、代替某些应急组织和服务部门的人员，或模拟紧急事件、事态发展的人员。

（4）评价人员。负责观察演练进展情况并予以记录的人员。

（5）观摩人员。指来自有关部门、外部机构的人员以及旁观演练过程的观众。

3. 应急演练的基本过程

由于应急演练是由许多机构和组织共同参与的一系列行为和活动，因此，应急演练的组织与实施是一项非常复杂的任务，建立应急演练策划小组（或领导小组）是成功开展应急演练工作的关键。

综合性应急演练的过程可划分为演练准备、演练实施和演练总结3个阶段。

（1）演练准备阶段。包括确定演练日期、演练目标和演练范围，编写演练方案，确定演练现场规则，指定并培训评价人员，安排后勤工作，讲解演练方案与演练活动等。

（2）演练实施阶段。记录参演组织的演练表现。

（3）演练总结阶段。包括评价人员访谈演练参与人员，汇报与协商，编写书面评价报告，演练参与人员自我评价，通报不足项，编写演练总结报告，评价和报告补救措施，追踪整改项的纠正等。

六、应急预案的管理

企业应急预案的管理包括：应急预案的制定、解释、备案、维护、更新等。

应急预案是应急救援工作的指导文件，具有权威性，所以应当对预案的制定、修改、更新、批准和发布作出明确的管理规定，并保证定期或在应急演习、应急救援后对应急预案进行评审，针对实际情况以及预案中所暴露的缺陷，不断地更新、完善和改进。

预案应由指定的部门负责解释，并按照"分类管理、分级负责"的原则报当地政府主管部门和上级单位备案，并告知相关单位。

◎**相关知识**

《安全生产法》第三十三条规定，生产经营单位对重大危险源应当登记建档，进行定期检测、评估、监控，并制定应急预案，告知从业人员和相关人员在紧急情况下应当采取的应急措施。生产经营单位应当按照国家有关规定将本单位重大危险源及有关安全措施、应急措施报有关地方人民政府负责安全生产监督管理的部门和有关部门备案。

《危险化学品安全管理条例》第五十条规定，危险化学品事故应急救援预案应当报设区的市级人民政府负责危险化学品安全监督管理综合工作的部门备案。

第三节 事故应急救护

一、事故应急救护的原则

（1）遇到伤害事故发生时，不要惊慌失措，要保持镇静，并设法维持好现场的秩序。

（2）在周围环境不危及生命安全的条件下，一般不要随意搬动伤员。

（3）暂不要给伤员喝任何饮料以及进食。

（4）如发生意外而现场无人时，应向周围大声呼救，请求来人帮助或设法联系有关部门，不要单独留下伤员而无人照管。

（5）遇到严重事故、灾害或中毒时，除急救呼叫外，还应立即向当地政府安全生产主管部门及卫生、防疫、公安等有关部门报告，报告现场在什么地方、伤员有多少、伤情如何、做过什么处理等。

（6）当伤员较多时，根据伤员的伤情对伤员分类抢救，处理的原则是先重后轻、先急后缓、先近后远。

（7）对呼吸困难、窒息和心跳停止的伤员，立即将伤员头部置于后仰位，并托起其下颌，使呼吸道畅通，同时施行人工呼吸、胸外心脏按压等复苏操作，原地抢救。

（8）对伤情稳定、估计转运途中不会加重伤情的伤员，迅速组织人力，利用各种交通工具分别转运到附近的医疗机构急救。

（9）现场抢救的一切行动必须服从有关领导的统一指挥。

二、常用应急救护技术

1. 人工呼吸

急救采用人工呼吸方法时，应注意以下事项：

（1）使处于昏迷、失去知觉或假死状态的伤员仰卧，迅速解开其围巾、领口、紧身衣扣并放松腰带，颈部下方可以适当垫起，以利呼吸畅通，切不可在头部下方垫物。同时，还应再一次检查伤员是否已停止呼吸。

（2）把伤员的头侧向一边，清除口腔中的假牙、血块、黏液等异物。如舌根下陷，应把它拉出来，使呼吸道畅通。如果伤员牙关紧闭，可用小木片、小金属片等坚硬物品从其嘴角插入牙缝，慢慢撬开伤员的嘴巴。

（3）使伤员的头部尽量后仰，鼻孔朝天，下颌尖部与前胸部大体保持在同一条水平线上，如图 6—2a 所示。这样，舌根部就不会阻塞气道。

（4）救护人员蹲跪在伤员头部的左侧或右侧，一只手捏紧伤员的鼻孔，另一只手的拇指和食指掰开伤员的嘴巴，如图 6—2b 所示。如掰不开伤员的嘴巴，可采用口对鼻人工呼吸法，捏紧伤员的嘴巴，紧贴其鼻孔吹气。

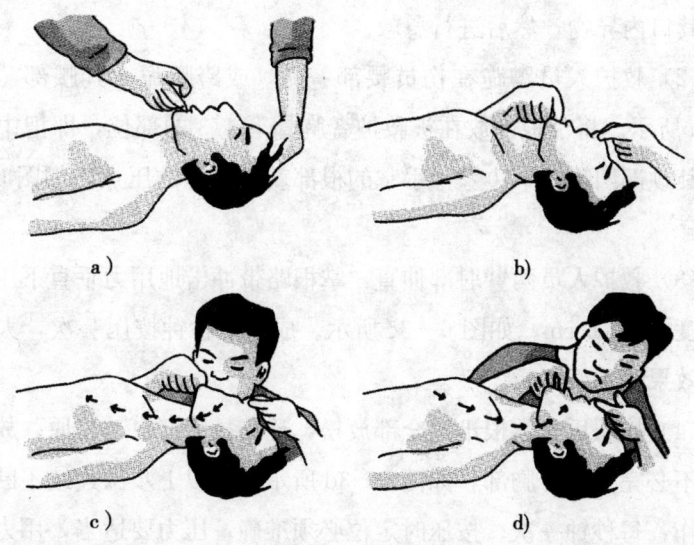

图 6—2　人工呼吸法

（5）深吸气后，紧贴掰开的嘴巴吹气，如图 6—2c 所示。吹气时可隔一层纱布或毛巾。吹气时要使伤员的胸部膨胀，每 5 s 一次，每次吹 2 s。

（6）吹气后应立即离开伤员的口（鼻），并松开伤员的鼻孔（或嘴唇），让其自由呼吸，如图 6—2d 所示。

（7）在人工呼吸的过程中，若发现伤员有轻微的自然呼吸时，人工呼吸应与自然呼吸的节律相一致。当自然呼吸有好转时，可暂停人工呼吸数秒并密切观察伤员情况。若伤员的自然呼吸仍不能完全恢复，应立即继续进行人工呼吸，直至呼吸完全恢复正常为止。

2. 胸外心脏按压

胸外心脏按压法的基本要领有以下几点：

（1）使伤员仰卧在比较坚实的地面或地板上，解开伤员的衣服，清除其口内异物，然后进行急救。

（2）救护人员蹲跪在伤员腰部一侧，或跨腰跪在其腰部，如图 6—3a 所示。将掌根部放在被救护者胸骨下 1/3 的部位，即把中指尖放在其颈部凹陷的下边缘，手掌的根部就是正确的压点，如图 6—3b 所示。

（3）救护人员两臂肘部伸直，掌根略带冲击地用力垂直下压，压陷深度为 3~5 cm，如图 6—3c 所示。成人每秒钟按压一次，太快和太慢效果都不好。

（4）按压后，掌根迅速全部放松，让伤员胸部自动复原。放松时掌根不必完全离开胸部，如图 6—3d 所示。按以上步骤连续不断地进行操作，每秒钟一次。按压时定位必须准确，压力要适当，用力不可过大过猛，以免挤压出胃中的食物，堵塞气管而影响呼吸，或造成肋骨折断、气血胸和内脏损伤等。也不能用力过小，起不到压的作用。

事故应急管理知识 第6章

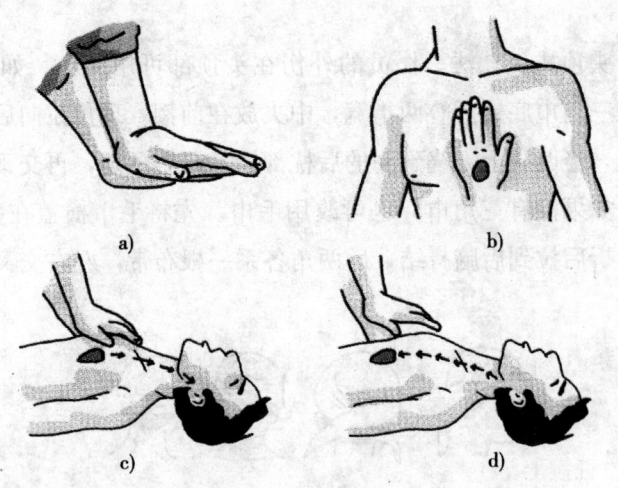

图6—3 胸外心脏按压法

◎相关知识

一旦伤员的呼吸和心跳均已停止,应同时进行口对口(鼻)人工呼吸和胸外心脏按压。如果现场只有一人救护,两种方法应交替进行,每次吹气2～3次,再按压10～15次。在救护人员体力允许的情况下,进行人工呼吸和胸外心脏按压(人工氧合)急救,并应连续进行,尽量不要停止,直到伤员恢复呼吸与脉搏跳动,或有专业急救人员到达现场。

3. 常用包扎法

伤员经过止血后,要立即用急救包、纱布、绷带或毛巾等将伤口包扎起来。常用的包扎材料有绷带、三角巾、四头带及其他临时代用品(如干净的手帕、毛巾、衣物、腰带、领带等)。绷带包扎一般用于受伤的肢体和关节,固定敷料或夹板和加压止血等。三角巾包扎主要用于包扎、悬吊受伤肢体,固定敷料,固定骨折等。常用包扎法

如下:

(1) 头顶式包扎法。伤员的外伤在头顶部可用此法。如图 6—4 所示,把三角巾底边折叠两指宽,中央放在前额,顶角拉向后脑,两底角拉紧,经两耳上方绕到头的后枕部,并压着顶角,再交叉返回前额打结。如果没有三角巾,也可改用毛巾。先将毛巾横盖在头顶上,前两角反折后拉到后脑打结,后两角各系一根布带,左右交叉后绕到前额打结。

图 6—4 头顶式包扎法

(2) 单眼包扎法。如果伤员的眼部受伤,可将三角巾折成四指宽的带形,斜盖在受伤的眼睛上。三角巾长度的 1/3 向上、2/3 向下。其下部的一端从耳下绕到后脑,再从另一只耳上绕到前额,压住眼上部的一端,然后将上部的一端向外翻转,向脑后拉紧,并与另一端打结,如图 6—5 所示。

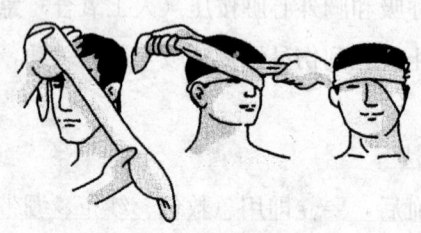

图 6—5 单眼包扎法

(3) 三角形上肢包扎法。如果伤员的上肢受伤,可把三角巾的一底角打结后套在受伤的那只手臂的手指上,把另一底角拉到对侧肩上,用顶角缠绕上臂,并用顶角上的小布带包扎。然后将受伤的前臂弯曲到胸前，呈近直角形，最后把两底角打结，如图 6—6 所示。

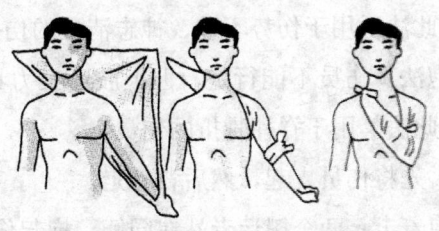

图 6—6　三角形上肢包扎法

（4）（肘）带式包扎法。根据伤肢的受伤情况，把三角巾折成适当宽度，呈带状，然后把它的中段斜放在膝（肘）的伤处，两端拉向膝（肘）后交叉，再缠绕到膝（肘）前外侧打结固定，如图 6—7 所示。

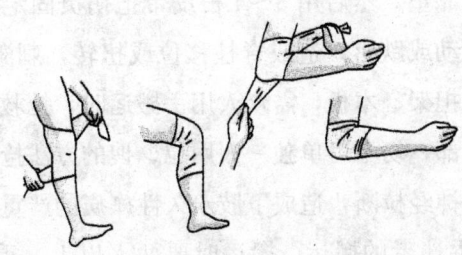

图 6—7　（肘）带式包扎法

4. 伤员搬运

在对伤员急救之后，就要把伤员迅速地送往医院。此时，正确地搬运伤员是非常重要的。如果搬运不当，可使伤员的伤情加重，严重时还可能造成伤员的神经、血管损伤，甚至导致伤员瘫痪，难以治疗。因此，对伤员的搬运应十分小心。

（1）如果伤员的伤势不重，可采用扶、掮、背、抱的方法将伤员运走。

1) 单人扶着行走。左手拉着伤员的手,右手扶住伤员的腰部,一起慢慢行走。此法适用于伤势不重、神志清醒的伤员。

2) 肩膝手抱法。伤员不能行走,但上肢还有力量,可让伤员钩在搬运者颈上。此法禁用于脊柱骨折的伤员。

3) 背驮法。先将伤员支起,然后背着走。

4) 双人平抱着走。两个搬运者站在同侧,抱起伤员走。

(2) 针对不同伤情,应采用不同的搬运法

1) 脊柱骨折伤员的搬运。对于脊柱骨折的伤员,一定要用木板制作的硬担架抬运。应由2~4人搬运,使伤员成一线起落,步调一致。切忌一人抬胸,一人抬腿。将伤员放到担架上以后,要让其平卧,腰部垫一个靠垫,然后用3~4根皮带把伤员固定在木板上,以免其在搬运中滚动或跌落,造成脊柱移位或扭转,刺激血管和神经,使下肢瘫痪。无担架、木板,需众人用手搬运时,抢救者必须有一人双手托住伤者腰部,切不可单独一人用拉、拽的方法抢救伤者,否则易把伤者的脊柱神经拉断,造成下肢永久性瘫痪的严重后果。

2) 颅脑伤昏迷者的搬运。搬运时要两人以上,重点保护头部。将伤员放到担架上,采取半卧位,头部侧向一边,以免呕吐物阻塞气道而窒息。如有暴露的脑组织,应加以保护。抬运前,头部给以软枕,膝部、肘部应用衣物垫好,头颈部两侧垫衣物,以使颈部固定,防止来回摆动。

3) 颈椎骨折伤员的搬运。搬运时,应由一人稳定头部,其他人以协调力量将其平直抬到担架上,头部左右两侧用衣物、软枕加以固定,防止左右摆动。

4) 腹部损伤者的搬运。严重腹部损伤者,多有腹腔脏器从伤口

脱出，可采用布带、绷带做一个略大的环圈盖住加以保护，然后固定。搬运时采取仰卧位，并使下肢屈曲，防止腹压增加而使肠管继续脱出。

三、常见伤害事故的救护方法

1. 触电事故的急救

触电急救的基本原则是动作迅速、方法正确。有资料指出，从触电后 1 min 开始救治者，90％有良好效果；从触电后 6 min 开始救治者，10％有良好效果；而从触电后 12 min 开始救治者，救活的可能性很小。触电事故的主要急救方法如下：

（1）脱离电源。发现有人触电后，应立即关闭开关、切断电源。同时，用木棒、皮带、橡胶制品等绝缘物品挑开触电者身上的带电物体。立即拨打报警求助电话。需防止触电者脱离电源后可能的摔伤，特别是当触电者在高处的情况下，应考虑采取防摔措施。

（2）解开妨碍触电者呼吸的紧身衣服，检查触电者的口腔，清理口腔黏液，如触电者戴有假牙，则应取下。

（3）立即就地抢救。当触电者脱离电源后，应根据触电者的具体情况，迅速对症救护。现场应用的主要救护方法是人工呼吸法和胸外心脏按压法。应当注意，急救要尽快进行，不能等候医生的到来，在送往医院的途中，也不能中止急救。

（4）如有电烧伤的伤口，应包扎后到医院就诊。

2. 烧伤事故的救护

火焰、开水、蒸汽、热液体或固体直接接触人体引起的烧伤，都属于热烧伤。热烧伤的救护方法如下：

（1）对于轻度烧伤尤其是不严重的肢体烧伤，应立即用清水冲洗或将患肢浸泡在冷水中 10~20 min，如不方便浸泡，可用湿毛巾或床单盖在患部，然后浇冷水，以使伤口尽快冷却降温，减轻损伤。穿着衣服的部位如烧伤严重，不要先脱衣服，否则易使烧伤处的水疱、皮肤一同撕脱，造成伤口创面暴露，增加感染机会。而应立即朝衣服上面浇冷水，待衣服局部温度快速下降后，再轻轻脱去衣服或用剪刀剪开并褪去衣服。

（2）若烧伤处已有水疱形成，则小水疱不要随便弄破，大水疱应到医院处理或用消过毒的针刺小孔排出疱内液体，以免影响创面修复，增加感染机会。

（3）烧伤创面一般不做特殊处理，不要在创面上涂抹任何有刺激性的液体或不清洁的粉或油剂，只需保持创面及周围清洁即可。较大面积的烧伤在用清水冲洗清洁后，最好用干净纱布或床单覆盖创面，并尽快送往医院治疗。

（4）火灾引起烧伤时，伤员着火的衣服应立即脱去，如果一时难以脱下来，可让伤员卧倒在地滚压灭火，或用水浇灭火焰。切勿带火奔跑或用手拍打，否则可能使得火借风势越烧越旺，使手被烧伤。也不可在火场大声呼救，以免导致呼吸道烧伤。要用湿毛巾捂住口鼻，以防烟雾吸入，导致窒息或中毒。

3. 中毒窒息事故的救护

（1）通风。加强全面通风或局部通风，用大量新鲜空气对中毒区的有毒有害气体浓度进行稀释冲淡，待有害气体浓度降到容许浓度时，方可进入现场抢救。

（2）做好防护工作。救护人员在进入危险区域前必须戴好防毒面具、自救器等防护用品，必要时也应给中毒者戴上。迅速将中毒者从危险的环境转移到安全、通风的地方，如果伤员失去知觉，可将其放在毛毯上提拉，或抓住衣服，头朝前地转移出去。

（3）如果是一氧化碳中毒，中毒者还没有停止呼吸，则应立即松开中毒者的领口、腰带，使中毒者能够顺畅地呼吸新鲜空气；如果呼吸已停止但心脏还在跳动，则应立即进行人工呼吸，同时用针刺中毒者的人中穴；若心脏跳动也停止了，应迅速进行胸外心脏按压，同时进行人工呼吸。

（4）对于硫化氢中毒者，在进行人工呼吸之前，要用浸透食盐溶液的棉花或手帕盖住中毒者的口鼻。

（5）如果是瓦斯或二氧化碳窒息，在情况不太严重时，可把窒息者移到空气新鲜的场所稍作休息；若窒息时间较长，就要进行人工呼吸抢救。

（6）如果毒物污染了眼部和皮肤，应立即用水冲洗；对于口服毒物的中毒者，应设法催吐。简单有效的办法是用手指刺激舌根；若误服腐蚀性毒物，可口服牛奶、蛋清、植物油等对消化道进行保护。

（7）救护中，抢救人员一定要沉着，动作要迅速。对于处于昏迷状态的中毒人员，必须尽快送往医院进行急救。